# 税務調査の
# ガラパゴス化と
# 重加算税

## 国破れて租税法律主義あり

### 鴻 秀明

## はじめに

　平成24年5月に「重加算税と税務調査」を出版したところ、様々な意見を頂戴しました。それらに基づき、大幅に加筆修正し、新たに税務調査全般に関する内容も加え、題名を「税務調査のガラパゴス化と重加算税」として、刊行することにしました。本書のテーマは、大きく、ガラパゴス化と重加算税の2つになります。サブタイトルの「国破れて租税法律主義あり」は、武富士事件での最高裁判所判決（P171）及び国税通則法改正（P254）に対する私の素朴な感想を表現したものです。

　税務調査のガラパゴス化とは、税務調査における事実認定や法律解釈その他あらゆる事象の判断の拠りどころが、国税組織の各部署、国税調査官・実査官・査察官・徴収官等（以下、調査官と略します）の個々人等の内なる基準で、独自に進化している現象です（P17）。租税法律主義では説明できない調査実務の世界での現象ですが、税務調査の結果には決定的な影響を及ぼしています。ガラパゴス化の一例としては、重加算税の取扱い方が、法人税調査と所得税調査で異なることがあげられます（P20）。

　近年、「税務調査に法の支配を！」との声があちらこちらで発せられています。国税通則法の改正もその延長線上にあり、租税法律主義の憲法下では正当な主張です。また、「税理士は法律家たれ！」とのスローガンの下、判例研究の重要性が強調されてきました。税

務上の争いは、最終的には裁判で決せられるのですから、当然のことです。

一方で、税務調査のフィールドには、租税法律主義からは読み解けない、ガラパゴス化された世界が広がっています。1つの事実関係に複数の結論が存在するのが税務調査であり、そこには法廷とは異質な、判例研究では見えてこない現実があります。税法の解釈だけではなく、税務調査における事実認定でさえも、ガラパゴス化に左右されてしまっているのです。税理士は、そのフィールドで専門知識を駆使して、納税者の期待にこたえ、納税義務の適正な実現を図らなければなりません。「税理士は税理士たれ！」それが税理士の在り方ではないでしょうか。

税務調査のガラパゴス化は、長年税務調査に関わってきた調査官あるいは税理士であれば、誰もが感じることであるにもかかわらず、その全体像が見えませんでした。税理士は、その存在を認識し理解することにより、税務調査においてより適切な判断ができるようになる、と確信しています。

重加算税については、判例、国会の質疑応答、メディアの情報までをも数多く取り上げ、様々なパターンの事例を検討し、隠ぺい・仮装を総合的に理解できるよう努めました。重加算税について私から読者の皆様にお伝えしたいことは、昭和45年9月11日の最高裁判決（P93）の判決文に集約できます。

重加算税は、納税義務違反の発生を防止し、もって徴税の実を挙げようとする趣旨に出た行政上の措置であり、違反者の不正行為の反社会性ないし反道徳性に着目してこれに対する制裁として科せられる刑罰

# はじめに

とは趣旨、性質を異にする。

　税理士、税務職員、メディア、世間一般そして学者も、重加算税すなわち「隠ぺい・仮装」に対して、脱税、不正、悪質、故意、反社会等のイメージを持っているようです。しかし、私には、最高裁の判決文書からそのイメージを読み取ることはできませんでした。そのイメージは、各税法に定められている「偽りその他不正の行為」という法律用語から導かれるものなのです（P231参照）。誤ったイメージで重加算税についていくら議論を重ねても、理解は深まらないでしょう。理解が深まらないままに、調査官は重加算税を賦課決定しようとし、税理士は税務当局の重加算税の賦課決定が窓意的であると批判します。つまり、重加算税に関しては、調査官と税理士の間で、租税法療主義に基づかない議論が延々と繰り返されているかもしれません（問答事例　売掛金除外P109参照）。

　なお、本書は法令通達、国税不服審判所の裁決、最高裁判所の判例等及び私の個人的見解から構成され、税務調査での論戦に役立つ情報を提供することを心がけています。租税法学者の諸学説あるいは下級裁判所の判例については、調査官に対する説得材料としては弱いので、原則として言及していません。

平成25年3月

　　　　　　　　　　　　　　　　　　　　鴻　　秀　明

# 目　　次

はじめに

## Ⅰ　ガラパゴス化と税理士 …………………………………… 1

1　ガラパゴス化の視点 ……………………………………… 1
2　税理士の使命 ……………………………………………… 2
3　税理士のガラパゴス化 …………………………………… 11
　　○　元札幌国税局長脱税事件 …………………………… 12

## Ⅱ　税務調査のガラパゴス化 ………………………………… 15

1　ガラパゴス化の全体像 …………………………………… 15
2　縦割り行政によるガラパゴス化 ………………………… 18
3　縄張りによるガラパゴス化 ……………………………… 24
4　調査官のガラパゴス化 …………………………………… 29
　　○　武蔵府中税務署　修正申告書偽造事件 …………… 32
　　○　広島国税局　偽課税通知書作成事件 ……………… 35
5　税務用語のガラパゴス化 ………………………………… 39

## Ⅲ　ガラパゴス化の事例検討 ………………………………… 45

1　交際費と給与と賞与 ……………………………………… 45

| | | |
|---|---|---|
| 2 | 交際費と寄附金 | 58 |
| 3 | 損益取引と貸借取引 | 62 |
| 4 | 外注費と給与 | 65 |
| 5 | 報酬と源泉徴収 | 67 |
| 6 | ガラパゴス化への対応方法 | 68 |

## Ⅳ 重加算税の概要と意義 …… 69

| | | |
|---|---|---|
| 1 | 「隠ぺい・仮装」と「偽りその他不正の行為」について | 69 |
| 2 | 「隠ぺい・仮装」と「偽りその他不正の行為」の理解の現状 | 72 |
| 3 | 延滞税と重加算税 | 78 |
| | 【問答事例】 延滞税の控除（除算）期間 | 81 |
| 4 | 重加算税概念の混迷 | 85 |
| 5 | 附帯税の概要 | 87 |
| 6 | 重加算税の意義 | 91 |
| 7 | 隠ぺい・仮装の意義 | 96 |
| | ○ 法人税の重加算税の取扱いについて | 100 |
| | ○ 隠ぺい・仮装の３要素図 | 106 |
| | ○ 重加算税の可否判定のマトリックス図 | 108 |
| | 【問答事例】 売掛金除外 | 109 |
| | ○ 申告所得税の重加算税の取扱いについて | 123 |

# 目次

## Ⅴ 重加算税の事例検討と税務調査対策 ……………… 131

1 不正発見割合の高い10業種 …………………………… 131
2 不正申告1件当たりの不正脱漏所得金額の
  大きな10業種 ………………………………………… 133
3 重加算税に係る事例検討（法人税調査）……………… 134
  ○ 武富士贈与税事件…「国破れて租税法律主義あり」… 171
  ○ 一関税務署事件 ………………………………… 181
4 非違項目別の重加算税の検討 ………………………… 190
  ○ A新聞社架空経費事件 ………………………… 191
  ○ 川崎汽船事件 …………………………………… 195
5 重加算税との指摘への対応方法 ……………………… 198
  ○ 法人の青色申告の承認の取消しについて ……… 200
  ○ 税務署長あて申述書の効用一覧表 ……………… 208

## Ⅵ 租税罰の概要と意義 ……………………………… 211

1 租税罰の概要 …………………………………………… 211
2 租税犯の分類 …………………………………………… 212
3 偽りその他不正の行為の意義 ………………………… 214
  ○ 偽りその他不正の行為の3要素図 ……………… 216
4 犯則所得 ………………………………………………… 216
5 更正の期間制限 ………………………………………… 217
  ○ 国会での附帯決議 ……………………………… 218

| | | |
|---|---|---|
| 6 | 延滞税の控除期間 …………………………………………… | 221 |
| 7 | 重加算税と罰則との併科 ……………………………………… | 222 |
| 8 | 平成23年度税制改正 ………………………………………… | 226 |

## VII 「隠ぺい・仮装」と「偽りその他不正の行為」…… 231

| | | |
|---|---|---|
| 1 | 重加算税と罰則のイメージ …………………………………… | 231 |
| | ○ アメリカ大使館事件の概要 ……………………………… | 235 |
| | ○ 松尾税理士事件の概要 …………………………………… | 238 |
| 2 | 「隠ぺい・仮装」と「偽りその他不正の行為」のまとめ …… | 242 |
| | ○ 「隠ぺい・仮装」と「偽りその他不正の行為」の整理表 … | 243 |

## VIII 国税通則法の改正と重加算税 ……………………… 247

| | | |
|---|---|---|
| 1 | 国税通則法改正の背景 ………………………………………… | 247 |
| 2 | 主な改正点 ……………………………………………………… | 249 |
| 3 | 重加算税に係る理由附記 ……………………………………… | 252 |
| 4 | 国税通則法改正に対する評価 | |
| | …「国破れて租税法律主義あり」…………………………… | 254 |

## 巻末資料

「重加算税制度の問題点について」（日本税理士会連合会・税制
審議会）……………………………………………………… 263
あとがき ……………………………………………………………… 277
参考図書 ……………………………………………………………… 279

# I　ガラパゴス化と税理士

## 1　ガラパゴス化の視点

　税理士は、弁護士である訴訟代理人と一緒という条件はつきますが、裁判所の許可なしに、補佐人として法廷で陳述することができます。「税理士は法律家たれ！」は、正しいスローガンであり、これからの税理士が目指すべき方向であることは確かなことです。

　ところで、全国で1年間に実施された税務調査の内、国税不服審判所あるいは裁判所で争われる件数の割合は、0.0％（P72）となっています。法令や判例から税法を研究している学者は、全調査事案の0.0％の調査事例を研究していることになります。しかし、税務調査の現場を知らなければ、その研究成果が法律論としては理論的なものであっても、「井の中の蛙」の法律論になってしまう恐れがあります。税理士にとっての大きなアドバンテージは、税務調査の現場を知り、そこには法律では理解できない現象がたくさんあることを知っていることです。本書では、その現象の一端を明らかにしていきます。

　反対に、そのような状況だからこそ、「税務調査に法の支配を！」といったスローガンが叫ばれているともいえます。確かに、旧態然とした税務調査の在り方（川崎汽船事件、P195）にも問題があり、

納税者の権利を守る方向で、国税通則法が改正されました（P 247）。しかし、税務調査の現場では、法律とは別の「ガラパゴス化」された世界があり、法律からも判例からも裁決からも窺い知ることのできない現実も広がっているのです。裁判での難解な理論展開に目を奪われていると、その存在に気が付きません。それを知らなければ、「木を見て森を見ず」、換言すれば、「法律を見て現場を見ず」になり、納税者の権利を守ることができなくなります。

　税理士のフィールドは、第一に税務調査の現場であり、次に国税不服審判所や裁判所です。税理士は、第一に、「税理士は税理士たれ！」であり、次に、「税理士は法律家たれ！」であるべきでだと考えます。

　本書は、税理士の使命を論じ、税務調査の「バラパゴス化」という切り口で、その世界を幅広く覗き、理解することにより、税務調査対策に役立たせることを目的としています。特に重加算税については、「バラパゴス化」の問題に加えて、国税庁の事務運営に疑義があり、多様な観点からの解説を試みました。

## 2　税理士の使命

　本書の主たる読者は税理士と想定しています。バラパゴス化を理解し、それを税務調査に活用し、調査官と論戦を交えるのは税理士です。本論に入る前に、税理士の使命について考えることにします。ただし、ここでは、税理士法１条の成立経緯あるいは憲法理念との関わりといった観点ではなく、税理士の使命を「独立した公正な立場で納税義務の適正な実現を図る」立場と「納税者の代理人として

# I ガラパゴス化と税理士

納税者の権利擁護を図る」立場とのいずれかに2分し、議論を単純化しました。この二つの立場を両極端に、税理士の税務調査に対するスタンスが色分けできると感じています。

税理士制度は、税理士が納税義務者の納税義務が適正に実現するよう援助することにより、申告納税制度の円滑な運営に資して、納税義務の適正な実現を図ることを期待して設けられました。納税義務の適正な実現とは、税法の定めに従い税額を計算して確定させ、申告書を作成し、申告し、過不足なく納税することです。その実現のためには、税理士は納税者あるいは税務当局のいずれかの立場に立つのではなく、独立した公正な立場に立ち、租税に関する法令にしたがって業務を行うことが求められています。

ここで、税理士の使命について、弁護士の使命と比較して検討します。

---

**税理士法（税理士の使命）**
第1条　税理士は、税務に関する専門家として、**独立した公正な立場**において、申告納税制度の理念にそつて、納税義務者の信頼にこたえ、租税に関する法令に規定された**納税義務の適正な実現**を図ることを使命とする。

---

**弁護士法（弁護士の使命）**
第1条　弁護士は、**基本的人権を擁護**し、社会正義を実現することを使命とする。
2　弁護士は、前項の使命に基き、誠実にその職務を行い、社会秩序の維持及び法律制度の改善に努力しなければならない。

税理士法と弁護士法の使命規定は、かなり異なります。
　税理士は、課税庁からも納税義務者からも「独立した公正な立場」に立ち、「納税義務の適正な実現を図る」ことを使命としています。言い換えれば、税理士は必ずしも納税者の立場に立つわけではなく、納税者の権利を擁護することだけを使命とはしていないことになります。税理士の使命は、税理士徽章によく表現されています。

　「日輪」は日本を意味し、「桜」は日本の国花です。税理士制度は、国を支える制度であり、税理士には日本を支える使命があるのです。それは、国税庁の手足になることではなく、独立した公正な立場で、納税義務の適正な実現を図ることによって、日本を支えることなのです。

**【税理士の立ち位置】**

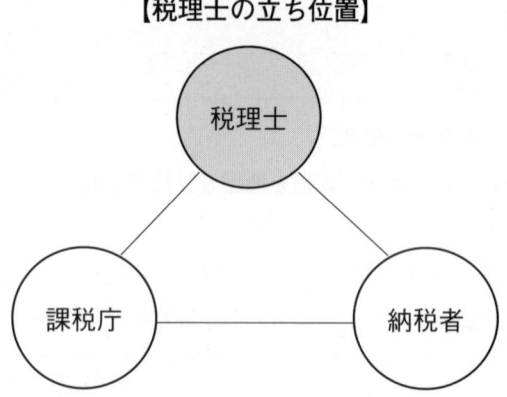

## Ⅰ ガラパゴス化と税理士

　弁護士は、依頼者の代理人として「基本的人権を擁護」することを使命としています。言い換えれば、「納税者の代理人」として「納税者の権利を擁護」することを使命としています。弁護士の徽章から、国家をイメージすることはできません。

　「天秤」は公正と平等・公平さを表し、「向日葵」は正義と自由を意味します。国家権力におもねることなく、基本的人権を擁護します。

**【弁護士の立ち位置】**

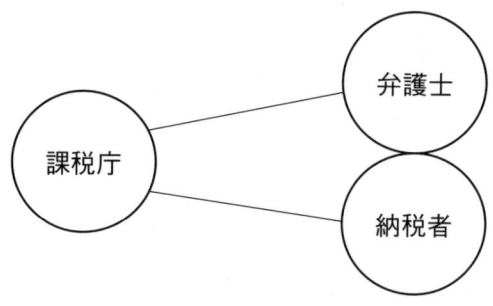

　税理士法1条に関しては、弁護士を構成員とする団体、あるいは税理士を構成員とする団体の多くが、次のように改正するべきだと声を上げています。

```
税理士の使命＝独立した公正な立場
          ↓
税理士の使命＝納税者の権利擁護
```

　しかし、インターネットで税理士のホームページを見ていくと、現行の使命規定を肯定的に評価している解説の方が多いです。税理士会の中でも、制度部会（税理士制度とそれに関連する諸制度の研究を行う部門）は使命規定を改正せよと論陣を張り、税理士会の中枢は、税理士法1条の改正は必要ないと考えているようです。

　税理士の使命規定の改正論者の主張する税理士の立ち位置は、次のとおりだと思われます。

**【使命規定改定論者が主張する　税理士の立ち位置】**

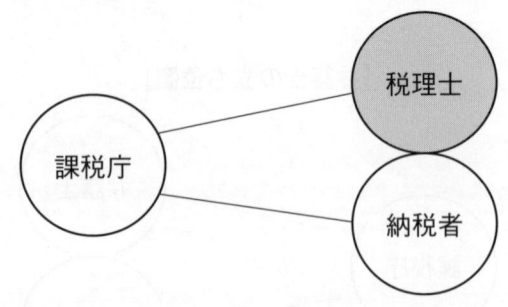

　税理士の使命規定が改定されれば、税理士の使命は弁護士の使命に包含されることになります。弁護士は、あらゆる法律を取り扱い、基本的人権を擁護するが、税理士はその基本的人権の内の納税者の権利だけを擁護する存在となってしまいます。

　改定論者の主張では、税理士は、弁護士業務の一部だけしか取り扱うことができないスペシャリストということでしょう。その主張

は、極端な言い方ですが、税理士の存在意義を否定するものである、と私は考えます。

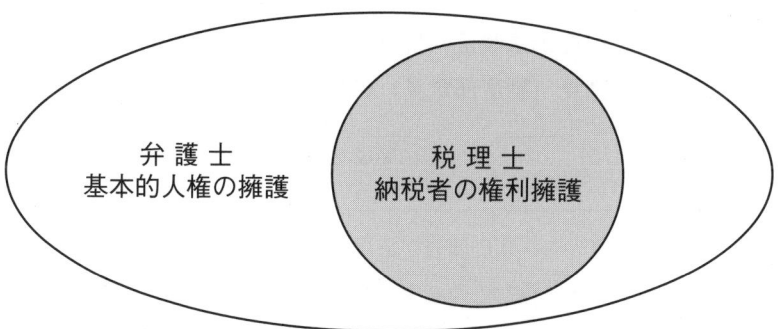

　世界で、税理士制度がある国は少数です。多くの国では、弁護士あるいは公認会計士が税理士業務を行っています。納税者の権利を擁護するための税理士などは、存在しなくても、日本国は困りません。基本的人権を擁護する弁護士の下で、パソコンソフトに仕訳を入力して、帳簿を作成し、申告書を作成して、弁護士に印鑑を貰えばよいのです。

　税理士の存在意義は、「独立した公正の立場」に立てばこそ、光るのです。

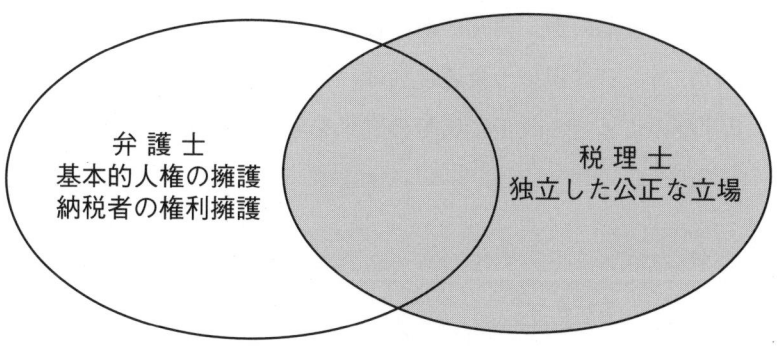

次に、税理士法の使命規定の改定論者の見解を紹介します。
★東京税理士会制度部の考え方

> ☆税理士法改正（税理士の使命）に関する
> 意見（制度部意見）の提出に関する件
>
> 平成 23 年 2 月 1 日「東京税理士界」
>
> ○○制度部長から、次の報告があった。……
> これらを踏まえて検討した結果、昨年 12 月 20 日、日税連税理士法改正特別委員会に対し、現行の税理士法第 1 条（税理士の使命）に**「納税者の権利利益を擁護**する」を挿入し、税理士制度が**納税者の代理人**制度であることを明確にした上で税理士法改正に対応すべきであるとの意見を提出した。
> なお、本来であれば、理事会の機関決定を経るところであるが、日税連が検討する時間的制約から、今回は制度部意見として提出したことを承知されたい。

なお書きで、理事会の機関決定を経ることなく制度部意見として提出した、と書かれていますが、単なる時間的制約の話なのか、深い事情があったのか、興味があるところです。

これに対し日本税理士会連合会は、税理士法改正の検討項目に取り上げないことで、改正に反対の意思を示しています。

Ⅰ　ガラパゴス化と税理士

## ★日本税理士会連合会の考え方

> ☆　税理士法改正に関する意見（案）
>
> 　　　　　　　　　　　　　　　日本税理士会連合会
> 　　　　　　　　　　　　　　　税理士法改正に関するプロジェクトチーム
> 　　　　　　　　　　　　　　　　　　　平成22年5月31日
>
> ※参考会員から寄せられた意見について
> 　4．その他の規定
> 　　○検討を要する項目
> 　　上記のほか、**PTタタキ台で取り上げなかった項目**についても、意見が寄せられた。今後の税理士法改正に関する検討の参考に資するため、意見のあった項目のうち主なものを以下に記載しておく。
> ・納税者の権利擁護

　多くの税理士団体が使命規定を改定して、納税者の権利擁護の文言の挿入を望んでいるのに、日本税理士会連合会は、何故、タタキ台にも取り上げなかったのでしょうか。使命規定改正に反対する確固たる意志があるのか、税理士界が分裂して大激論となり、収拾がつかなくなることを恐れたのか、その経緯を示す資料を見つけることはできませんでした。

　日本税理士会連合会は、平成24年9月26日に「税理士法に関する改正要望書」を国税庁長官及び財務省主税局長に提出しているが、使命規定に対する考え方の一端を知ることができます。

> # ★税理士法に関する改正要望書
>
> 日本税理士会連合会
>
> ### ◇税理士制度の見直しの経緯と改正要望の趣旨
> (1) 税理士の使命は、税理士法第1条において、「税理士は、税務に関する専門家として、独立した公正な立場において、申告納税制度の理念にそって、納税義務者の信頼にこたえ、租税に関する法令に規定された納税義務の適正な実現を図ることを使命とする。」とされており、税理士は、我が国唯一の税務に関する専門家として位置付けられている。
>
> 　税理士制度は、国民にとって民主的とされる申告納税制度を維持発展させ、もって国家財政の基盤を確保するうえで極めて重要な制度である。

日本税理士会連合会は、税理士制度を、国民と国家の両者にとって税理士制度が重要だとし、平成24年11月14日の税理士制度70周年記念式典で、池田隼啓会長は次のように挨拶しています。

> 　税理士制度が、今後も申告納税制度を支え、国家財政の基盤確保に寄与し、国民・納税者の利便に資する制度であり続けるために、われわれ税理士は、税務に関する専門家として、納税義務の適正な実現を図るという使命を全うし、税制及び税務行政の改善に寄与していくとともに、税務支援や租税教育などを通じて積極的に社会貢献事業に取り組んで参ります。

Ⅰ　ガラパゴス化と税理士

## 3　税理士のガラパゴス化

　税理士の使命に対する考え方から、税理士の税務調査に対する対応が異なってきます。税理士を納税者の代理人と位置づけて、納税者の権利擁護を重視する税理士は、税務調査に対しては冷ややかです。なかには、調査官を敵対視することによって納税者の権利を守ろうとする税理士もいます。独立した公正な立場に立つ税理士は、比較的調査に協力的であり、税務調査が納税者のプラスになるよう前向きに対応しています。

　そして、税理士には、多かれ少なかれカメレオンの要素があります。顧客である納税者が税務当局に攻撃的であれば、一緒になって調査官に対して強硬的な姿勢を見せ、納税者が税務当局と友好的であれば、手の平を返したように調査官に対して協力的になります。細かいことにもこだわる固い税理士もいれば、「清濁併せのむ」大雑把な税理士もいます。ガラパゴス化された税務調査に対応する税理士もガラパゴス化されているのです。

　私には、思い出深い忘れられない税理士がいます。20年以上前のことですが、税務調査に立会った税理士が、税務当局に批判的な立場でメディアにも取り上げられ、その後大学教授になられた人物でした。調査の途中で納税者が席を外したときに、調査官である私に対して「何でそんな仕事をしているんだ」と説教をはじめました。これにはびっくりして、今でもその場面を鮮明に記憶しています。戦意を喪失させる高等戦術だったのでしょうか。そんな仕事は早くやめなさい、天国に行けないよ、という親切心だったのかもしれま

せん。

　もう一人の忘れられない税理士は、お会いしたことはないのですが、7億4千万円の所得を隠した、元札幌国税局長です。税制調査会第24回総会議事録から紹介します。

**元札幌国税局長脱税事件**

> ### 元税理士（元国税局長）の脱税事件
>
> 　　　　　　　　　　　　　　　　税制調査会第24回総会議事録
>
> ○　福田国税庁次長
> 　国税庁次長の福田でございます。御挨拶、御説明できるとうれしいわけでございますが、実はお詫びも含めまして、いくつかお話しさせていただきたいと思います。
> 　まず第1点は、先般の元国税局長の脱税事件についてでございます。去る1月10日、東京国税局は、○○元税理士、実は元札幌国税局長であったわけでありますが、この元税理士を所得税法違反の疑いで東京地方検察庁に告発いたしました。同日、東京地方検察庁は元税理士を所得税法違反により逮捕し、1月30日、所得税法違反により東京地方裁判所に公判請求しております。
> 　控訴事実の要旨を申し上げますと、同人・被告人は、税理士業を営んでいた者でありますが、自己の所得税を免れようと企て、売上げを除外するなどの方法により、同人の平成9年から平成12年までの4年間の所得、合計約7億4,000万円を秘匿し、所得税合計約2億5,000万円を免れたというものでございます。
> 　今回の事件は、すでに退職した者、この者は平成8年に退職してい

# I ガラパゴス化と税理士

> るわけでございますが、すでに退職した者が起こしたこととはいえ、長年税務の職場に勤務し、しかも国税局長まで経験した者が、自らの脱税で国税当局に告発された上、検察当局に逮捕、起訴されたというものでございまして、まさに裏切られた思いであり、私ども大変残念に思っております。
>
> ただ、今回の事件は、東京国税局において査察調査を実施して告発を行ったものでございまして、国税当局は、課税上問題があると認めるものに対しましては、その社会的な地位、経歴等のいかんにかかわらず、法令に基づき厳正に対処すべく努力しているところでございます。

　税務調査は、犯罪とは無縁の国民に対する国家権力の行使としては、圧倒的な存在感があり、適正公平な課税だけではなく、公正な社会の実現に大きな役割を果たしています。新聞紙上を賑わす横領等の経済事件の多くは、実は、税務調査が発端になっているのです。

　しかし、税務調査は人権を侵害する危険性を有しています。それに立ち向かう税理士は、1人1人、長い人生で独自に歴史を刻み、異なる価値観を有して、調査官に対峙しています。反政府、国税当局に非協力の税理士から勲章狙い、巨額脱税の税理士まで、「ガラパゴス化」された税理士の税務調査に対するに対する取り組み方は、税務調査の結果を大きく左右し、国民の税に対する認識に大きな影響を与えます。それは、日本の将来を左右すると言っても、過言ではありません。

# II 税務調査のガラパゴス化

## 1 ガラパゴス化の全体像

　赤道直下で活発な火山活動が続くガラパゴス諸島、外界と隔絶された島々には、独自の進化を遂げた固有種が生息しています。たとえば、ゾウ亀は島ごとに別々に進化し、甲羅の形が少しずつ異なってしまいました。税務調査も同様に進化してきました。本章では税務調査のガラパゴス化に関して、その進化を検証します。

　国税庁の使命は「納税者の自発的な納税義務の履行を適正かつ円滑に実現する」ことにあり、国税の適正公平な賦課徴収を実現するために税務調査を実施しています。国税庁内の各組織は、同じ税法に基づいて調査に臨むのだから、組織が異なっも税法の解釈は同一であり、調査結果も同じになるはずです。しかし、国税庁の使命を達成するための具体策は、国税庁内の各部署により微妙に温度差があります。この温度差を起因として、税務調査における税法解釈は、部署ごとあるいは1人1人の調査官ごとに、多種多様に進化しています。まさに税務調査のガラパゴス化です。

　ガラパゴス化を理解すれば、税務調査における事実認定や税法解釈が、いかに調査官主導で行われているかが理解できます。それは、調査する立場とされる立場の違いから生ずることであり、必ずしも

批判されることではありません。しかし、それを認識することにより、税理士は税務調査というものをより深く理解し、適切に対応することが可能となります。

　税務調査を巡る論争のほとんどは、調査の現場で完結し、訴訟等に至る事案はわずかです。たとえ訴訟を提議された事案であっても、個別の事実認定や税法の条文解釈の争いです。調査官も税理士も納税者も、そして裁判官も、個々の木は見えても森は見えないものです。「ガラパゴス化」は表面化することはなく、調査官でさえも自覚せず、しかし、間違いなく存在し、税務調査を支配しているのです。

　ガラパゴス化を説明する前に、全体像を図示しました。ガラパゴス化の行きつく先は、調査官が作り出す歪められた事実認定です。それを否定するつもりはないが、税理士は、調査官の発言の背後にあるガラパゴス化を理解することにより、納税者が不当な課税を受けないよう、税務調査に対応する必要があります。

## II 税務調査のガラパゴス化

〔ガラパゴス化の全体像〕

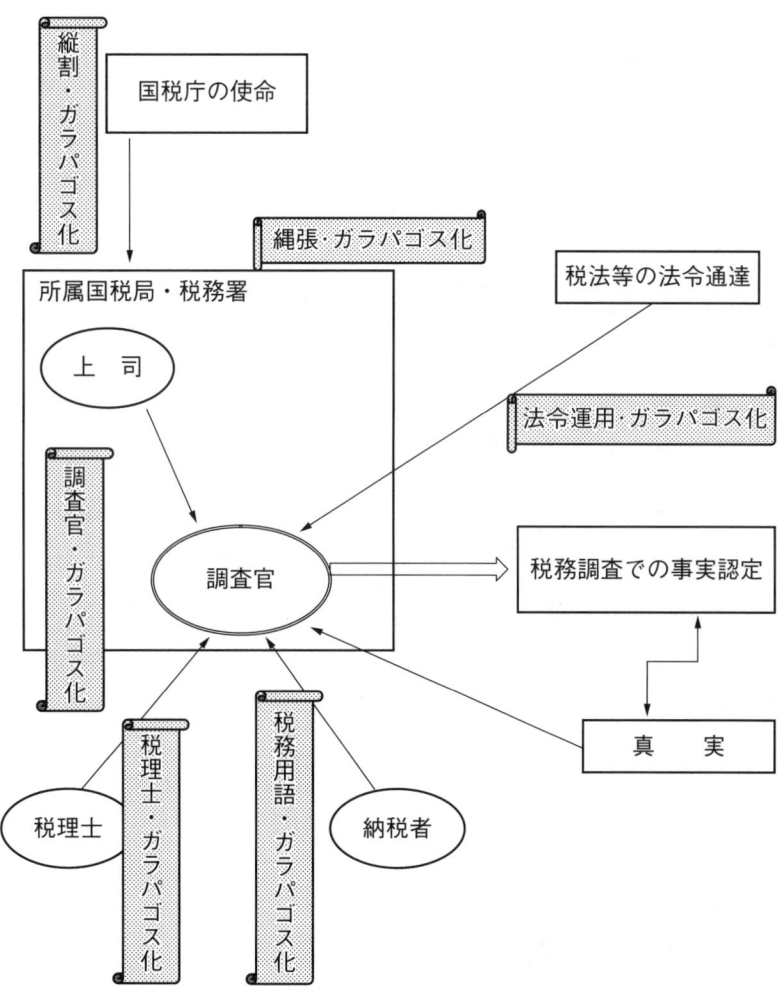

17

## 2　縦割り行政によるガラパゴス化

### (1)　国税組織の概要
最初に、国税庁の組織の概要を紹介します。

#### ①　財務省主税局
　国の税制の企画・立案を行っています。ここで立案された税法は、当然のことですが、一義的に解釈されています。

#### ②　国　税　庁
　法律に基づき、税務行政の執行に関する企画・立案等を行い、国税局（沖縄国税事務所を含む。）と税務署の事務を指導監督しています。国税庁の組織は、縦割りになっており、税法の運用方針は、それぞれの事務系統で取り扱う事務内容に応じて、異なってくることがあります。国税庁に限らず、どのような組織であっても同様の事象は発生するでしょう。

　国税庁の組織は次のようになっています。

## Ⅱ 税務調査のガラパゴス化

### 国税庁の組織

| 国　税　庁 | 国　税　局（東京） | 税　務　署 |
|---|---|---|
| 長官官房 | 総　務　課 | 総務課 |
| | | 税務広報広聴官 |
| 課税部 | 課　税　一　部<br>（所得課税課など） | 個人課税部門 |
| | | 資産課税部門 |
| | 課　税　二　部……中小企業の調査<br>（法人課税課など） | 法人課税部門 |
| | | 酒類指導官 |
| 徴収部 | 徴　収　部 | 管理運営部門 |
| | | 徴収部門 |
| 調査査察部 | 調査一部～四部……大企業の調査 | |
| | 査　察　部 | |
| 税務大学校 | | |
| 国税不服審判所 | | |

(2) 法令通達運用のガラパゴス化

① 法人税法

　法人税の調査は、国税庁の課税部法人課税課、調査査察部調査課及び査察課などが関わってきます。法人税法の解釈について大きな問題があれば、国税庁は統一見解を出します。しかし、日々の事務運営では、各課がそれぞれ独立した立場で下級官庁に指示を出していきます。そのため、法人税法の解釈について縦割りにガラパゴス化が生じ、税務調査にも大きな影響を与えています。

　たとえば、国税庁の法人課税課が、法人の過大役員報酬の実質基準について何らかの基準を設けて非違を把握し、修正させなさい、

と各国税局に指示を出したと仮定します。その指示は、税務署の末端の調査官の税法解釈に影響を及ぼします。しかし、その指示は、国税庁法人課税課と指揮命令系統にない国税局の調査部の調査とは無関係であり、犯則調査を行う査察部にとってはほとんど意味のない情報になります。法人税法は一つであるにもかかわらず、国税庁の各部署がガラパゴス化していることにより、その運用・解釈は異なってしまうのです。

② 国税通則法（重加算税）

重加算税に関する規定は国税通則法に定められています。したがって、個別税法にかかわらず、同一の解釈により運用されるべきです。しかし、実際の運用は、法人税調査と事業に係る所得税調査とでは、大きく異なっています。

国税庁のホームページによれば、「法人税の実地調査状況」では、「不正」という単語が何度も出てきますが、「所得税調査等の状況」では「不正」が全くでてきません。重加算税は国税通則法で定められているにもかかわらず、この取扱いの差は何を意味するのでしょうか。

Ⅱ 税務調査のガラパゴス化

## 法人税の実地調査の状況

| 項目 | | 事務年度等 | | 22 件数等 | 22 前年対比 | 23 件数等 | 23 前年対比 |
|---|---|---|---|---|---|---|---|
| 実地調査件数 | 1 | 千件 | | 125 | 89.7 | 129 | 103.1 |
| 更正・決定等の件数 | 2 | 千件 | | 90 | 90.0 | 92 | 101.8 |
| 同上のうち**不正**計算のあった件数 | 3 | 千件 | | 26 | 87.9 | 25 | 98.0 |
| 申告漏れ所得金額 | 4 | 億円 | | 12,557 | 61.3 | 11,749 | 93.6 |
| 同上のうち**不正**脱漏所得金額 | 5 | 億円 | | 3,475 | 85.9 | 3,052 | 87.8 |
| 調査による追徴税額 | 6 | 億円 | | 2,520 | 66.3 | 2,175 | 86.3 |
| 同上のうち加算税額 | 7 | 億円 | | 401 | 79.7 | 336 | 83.8 |
| 分析 | **不正**発見割合（3/1） | 8 | ％ | 20.6 | ▲0.4 | 19.6 | ▲1.0 |
| 分析 | 調査1件当たりの申告漏れ所得金額（4/1） | 9 | 千円 | 10,071 | 68.3 | 9,139 | 90.7 |
| 分析 | **不正**申告1件当たりの**不正**脱漏所得金額（5/3） | 10 | 千円 | 13,520 | 97.6 | 12,120 | 89.6 |

（注） 国税庁HPより作成

平成23事務年度　所得税調査等の状況

| 項目 | | 区分 | | 実地調査 | | | 簡易な接触 | 調査等合計 |
|---|---|---|---|---|---|---|---|---|
| | | | | 特別・一般 | 着眼 | 計 | | |
| 1 | 調査等件数 | | 件 | 57,861 | 40,826 | 98,687 | 675,520 | 774,207 |
| 2 | 申告漏れ等の非違件数 | | 件 | 49,568 | 28,405 | 77,973 | 408,896 | 486,869 |
| 3 | 申告漏れ所得金額 | | 億円 | 4,867 | 1,015 | 5,882 | 3,711 | 9,592 |
| 4 | 追徴税額 | 本税 | 億円 | 705 | 58 | 763 | 257 | 1,020 |
| 5 | | 加算税 | 億円 | 125 | 5 | 130 | 12 | 142 |
| 6 | | 計 | 億円 | 830 | 63 | 893 | 268 | 1,162 |
| 7 | 一件当たり | 申告漏れ所得金額 | 万円 | 841 | 249 | 596 | 55 | 124 |
| 8 | | 追徴税額 本税 | 万円 | 122 | 14 | 77 | 4 | 13 |
| 9 | | 加算税 | 万円 | 22 | 1 | 13 | 0.2 | 2 |
| 10 | | 計 | 万円 | 143 | 16 | 91 | 4 | 15 |

（注）　国税庁HPより

　法人税調査では重加算税が重視され、所得税調査では重加算税は重視されていない、と容易に想像できます。実際に、多くの税理士は、事業に係る所得税調査で重加算税を賦課決定されることは少ない、と認識しているようです。

　法人課税部門と個人課税部門との間の重加算税に対する温度差には、何らかの理由があるはずです。法人においては、会社法等によって会計帳簿の作成が義務付けられ、実際にも法人のほとんどは一定レベルの帳簿を作成し、証憑を保存し、青色申告を行っています。一方、個人事業者の多くは小規模であり、開廃業が多く、経理

## II 税務調査のガラパゴス化

体制も不十です。一定レベル以上の帳簿書類の作成や証憑の保管を義務付けることは難しい状況にあります。

　売上帳を付けてない個人事業者を調査し、売上計上もれを把握したとき、それが「隠ぺい」によるものだと指摘することは難しいのです。同様に、仕入や外注の取引を記帳せずに原価率で原価を算出して所得金額を確定させた事業者に対して、所得税調査で仮装による架空原価を指摘することも困難です（一関税務署事件、P 181）。こういった事情で、個人事業者の調査では、重加算税が重視されていないのかもしれません。

　しかし、例えば、弁護士が新規に開業する場合、その形態を個人にした場合と弁護士法人にした場合とで、国税通則法で定められている重加算税の可否判定基準が異なるとしたら、不自然なことです。納税者としては、行政による法律運用とはそういうものだと理解したうえで、重加算税が賦課されないよう、税務調査に対応していく必要があります。

　次に、「消費税（法人）の実地調査の状況」を見ると、「法人税の実地調査状況」の項目の半分以下の項目しかありません。したがって、法人課税部門の調査では、消費税はそれほど重視されていないと想定されます。また、不正にかかる項目がないことから、消費税の調査では、重加算税の賦課決定にそれほどこだわらないでしょう。

消費税（法人）の実地調査の状況　（国税庁HPより）

| 項　目 | 事務年度等 | | 22 | | 23 | |
|---|---|---|---|---|---|---|
| | | | 件数等 | 前年対比 | 件数等 | 前年対比 |
| 実地調査件数 | 1 | 千件 | 117 | 89.2 | 120 | 103.0 |
| 非違件数 | 2 | 千件 | 85 | 91.2 | 66 | 101.7 |
| 調査による追徴税額 | 3 | 億円 | 557 | 90.7 | 458 | 82.2 |
| 同上のうち加算税額 | 4 | 億円 | 93 | 90.0 | 76 | 81.6 |
| 調査1件当たりの追徴税額（3/1） | 5 | 千円 | 478 | 101.9 | 381 | 79.7 |

　なお、消費税の不正還付は大きな問題となっていますが、国税庁のホームページでは、「消費税還付申告法人に対する消費税の実地調査の状況」という別の計表を作成して管理しています。国税庁がいかにそれを重視しているかが判ります

## 3　縄張りによるガラパゴス化

### (1)　同じ事務系統内のバラパゴス化

　同じ事務系統であっても、場所が異なれば、ガラパゴス化が発生します。例えば、全国の国税局にある調査部の調査は、国税庁の調査査察部調査課がコントロールしています。しかし、実際には地域地域によりガラパゴス化が発生しています。

　先に、「法人税法のガラパゴス化」で説明した事例（国税庁の法人課税課が、法人の過大役員報酬の実質基準について何らかの基準を設けて非違を把握し、修正させなさい、と各国税局に指示を出したと仮定）で説明します。国税庁が、実質基準を設けるように指示

## Ⅱ 税務調査のガラパゴス化

したときに、具体的な基準を示してなければ、各国税局の法人課税課で何らかの基準を設けなくてはなりません。各国税局の定める基準が異なれば、国税庁公認のガラパゴス化が発生することになります。そして、国税局が税務署の法人課税部門に対し、その基準にしたがって調査をするよう指示をすれば、指示を忠実に守って、納税者とトラブルを起こしながらも、調査官を叱咤激励して大きな実績を挙げる税務署もあれば、そんなつまらない指示には従いたくない、と実績を挙げられない面従腹背の税務署もでてきます。

　少し古い話ですが、交際費課税について、各国税局により税法の運用が異なることが、総務庁（当時）行政監察局の調査（税務行政監察）により明らかにされました。これにより、縄張りによるガラパゴス化の一つが公にされてしまったのです。

　ただし、交際費の抽出基準について、各国税局の調査部に内部文書があったのか、単なる慣行だったのか、また、各国税局の課税部あるいは税務署にも基準があったのかは、不明です。

### 第1回 「交際費課税と税務調査」(2001/10/01)
[交際費に関する抽出基準]

| | | |
|---|---|---|
| 東京・調査部 | 茶菓の接待費用 | 抽出しない |
| | 来客食事代 | 1人当たりおおむね3,000円程度 |
| | 得意先訪問の手土産代 | おおむね3,000円程度 |
| | 業務に伴う従業員の飲食代 | 1人当たりおおむね3,000円程度 |
| | 慰安のための従業員の飲食代 | (1) 忘年会・新年会・創立記念日など…抽出しない<br>(2) 目標達成に際しての飲食…1人当たりおおむね3,000円程度 |
| | 広告宣伝用物品の贈答費 | 購入単価がおおむね3,000円程度（ただし、中元・歳暮の贈答に代えて支出した場合は交際費） |
| 大阪・調査部 | タクシー代 | 少なくとも1回の料金が5,000円を下回るものは否認しない |
| 広島・調査査察部 | すべての支出 | 1件当たりの支出金額が5,000円以下 |
| 高松・調査査察部 | 東京国税局調査部に同じ | 東京国税局調査部に同じ |

(2) **交際費課税のガラパゴス化**

　税務行政監察は、申告納税制度下における税務行政運営の公正性や効率性が十分に保たれているかどうかを監察し、勧告することを目的として実施されるものだが、国税庁は総務庁の勧告に従い、この交際費に関する抽出基準は廃止したとのことです。しかし、これが廃止されたところで、ガラパゴス化がなくなるわけではありません。

## Ⅱ　税務調査のガラパゴス化

　国税局の調査部において、メーカーを調査する部門であれば、調査対象会社は冗費が少なく、社内での公私混同も少ないので、調査官の交際費の抽出基準の金額は低くなりがちでした。一方、芸能法人やマスコミを担当する部門では、調査対象会社の飲食費の支出は派手であり、件数も金額も大きいので、交際費の抽出基準となる金額は高くなる傾向にありました。低い抽出基準で調査を進めれば、問題点が多すぎて収拾がつかなくなってしまいます。

　業種によって交際費の抽出基準が異なってよいはずはないが、実際には、同じ国税局の調査部内でも、部門の担当業種によって基準が異なり、調査官1人1人の胸の内にある基準も異なっていました。

　なお、現在は、5,000円基準が制定（租税特別措置法施行令37条の5）され、この問題は一応解決しました。しかし、交際費等の範囲から「1人当たり5,000円以下の飲食費」を除外する要件としては、飲食等のために要する費用について、その年月日、相手先の氏名、参加人数等を記載した書類の保存が要件となりました。税務調査では、この要件の解釈を巡って、ガラパゴス化が発生しているのではないかと推測しています。

### (3)　複数年度処理のガラパゴス化

　税務調査で旅費交通費の否認事項が1期100万円、3期にわたり合計300万円発生したときに、ある国税局の調査官は、否認金額を最終決算期にまとめて300万円で処理しました。明らかに事実と異なる処理でも、あまり問題にはされず、おおらかに取り扱われているようです。しかし、別の国税局では、そういった手抜きは認められず、事実関係通り、3期にわたり処理するよう指示されます。国

税局によって、調査官によって、処理基準が実質的に異なる、これは善悪とか理屈の問題というよりは、その組織の伝統・文化の問題かもしれません。文学的な表現が続きますが、これはまさに縄張りによるガラパゴス化なのです。

そもそも、全ての事象について基準を一律に定めることは不可能です。ある事象について、国税庁が全国一律の基準を定めたとしても、個々の納税者の状況や地域差も無視できず、また、時代が進み社会の状況が変われば不適当な基準となってしまうかもしれません。日本の各地方ごとに独自の歴史や文化があるのと同様に、各国税局、税務署、担当者それぞれの、その内なる判断基準が異なってしまうことは仕方がないことです。

税務調査とは、調査官の育ち方、価値観、人間性が滲み出る公権力の行使なのです。

(4) 源泉所得税調査のガラパゴス化

従業員への食事の支給について、次の通達があります。

---

**食事の支給**

**(所基通36-38の2)** 使用者が支給する食事（宿日直又は残業をした場合に支給される食事を除きます。）については、その支給を受ける人がその食事の価額の半額以上を負担すれば、原則として課税されません。ただし、食事の価額からその人の負担した金額を控除した残額（使用者の負担額）が月額3,500円を超えるときは、使用者が負担した全額が給与所得とされます。

---

調査をある程度経験した法人課税部門の調査官（源泉所得税の調

査権限があります）であれば、中小企業に対してこの通達で給与課税しようとは思わないはずです。調査官は、法人の代表者や幹部が、一夜の飲み食いでで数万円使うことがあることや、その社員の給与や福利厚生等の実情を、調査を通じて把握できる立場です。公務員である自分の給与と福利厚生を比べ、少しだけ想像力を働かせることができれば、月数千円の食費に課税などできません。もし課税したならば、俗な言葉でいえば、弱いもの虐めととられかねません。したがって、調査官は源泉所得税の調査はせずに、法人税の調査に集中するでしょう。

　しかし、その調査官が源泉所得税部門に配置換えになり、源泉所得税単独調査の指令を受けたならば、どのように調査展開するでしょうか。法人税調査に逃げることはできません。彼の使命は源泉所得税の非違を把握することであり、食費の非違を把握したのにそれに課税しなければ、職務を全うしてないとの思いを強くします。つまり、課税する可能性が高くなります。

　調査官は、縄張りが変わることにより、新しい縄張りのガラパゴス化された文化に順応し、無意識のうちに行動パターンを変えてしまうのです。

## 4　調査官のガラパゴス化

### (1)　組織と調査官のメンタリティ

　調査官は、上司である統括官や副署長、署長等の署幹部の意向に従い調査を行い、納税者の税務申告に係る問題点を抽出し、その調査結果を上司に報告します。税務署の幹部は、調査官の調査結果を

できるだけ尊重しながら、納税者や税理士との間でトラブルにならないよう配慮し、国税局の担当部署である主務課（法人税の調査であれば国税局の法人課税課、所得税の調査であれば国税局の個人課税課）の方針に反しない範囲で、最終的な決定を下します。

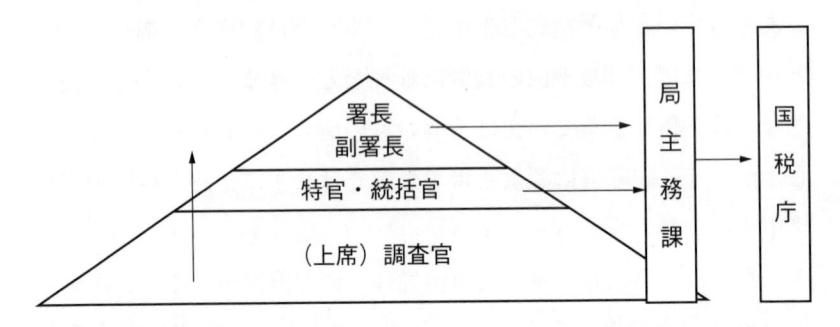

```
          署長
         副署長        ──→  局    国
      特官・統括官      ──→  主    税
                           務    庁
      （上席）調査官          課
```

　国税組織の方針がどうであろうと、上司の指示がどうであろうと、税務調査を行うのは調査官個人であり、そのメンタリティは調査の結果に決定的な影響を及ぼします。税務調査では、担当する調査官によって結論は全く異なります。調査官の性格、やる気、執念、精神状態、嗜好、時間観念、納税者との相性そして調査能力等に、組織の要求、調査時期、人事評価、上司との関係、納税者の対応、税理士の対応等のすべてが、調査に臨む調査官の内面を作り上げています。それは、1人1人みな異なります。

　調査官の年齢も大きく影響します。私の印象では、調査経験1年目の調査官であれば、深度ある調査はできないので、調査を受ける方はラッキーかもしれません。30代、40代の調査官は比較的前向きに調査に取り組みます。50代になると余裕をもって調査をしますが、面倒なことを避ける傾向にあります。

　多くの税理士が異口同音に指摘するのは、女性調査官の細かさと

## Ⅱ 税務調査のガラパゴス化

杓子定規な点です。したがって、不正など一切せずに、きちんと帳簿を付け、取引の記録を残しているクリーンな会社にとっては、手強い相手となるが、組織的に不正を行っている会社にとっては、くみし易い相手となります。

　税務調査は、他の行政調査とは異なり、対象者が何の犯罪も犯していないにもかかわらず、帳簿等を通して対象者のすべてを覗くことができる国家権力の行使です。その担い手である調査官は、税務職員という通り一遍のイメージでは語ることができない、ガラパゴス化された存在なのです。だからこそ、租税法律主義の下であっても、調査官により調査結果は全く異なってしまうのです。

### (2) 「経費調査官」と「期ずれ調査官」

　調査で難しいと言われるのは、売上除外、架空原価の調査です。なかなか非違を把握できないが、見つければ増差所得（非違金額）が大きくなります。これに挑戦し続ける調査官もいれば、一切触れずに、ひたすら経費だけを調べる「経費調査官」もいます。

　経費科目は、容易に非違事項を把握することができるからです。また、売上計上もれあるいは経費の繰上計上の把握は、最も簡単な調査です。その有無を最初に念査して非違を把握し、あとは手を抜く「期ずれ調査官」もいます。

　また、調査で把握した問題点について、税理士と見解が異なるとき、すぐに諦める調査官もいれば、事実関係を解明するまで調査を続ける調査官もいます。最近は紳士的な調査官が多いですが、いまだに、納税者を恫喝する調査官もいます（川崎汽船事件、P 195）。

### (3) 増差所得と調査官

　国税庁のホームページの「所得税調査等の状況」（P22）より、所得税の調査では不正の発見が重視されていないことが読み取れますが、それでは、所得税を調査する職員は所属する組織から何を求められているのでしょうか。参議院における次の答弁書が参考になります。

**武蔵府中税務署　修正申告書偽造事件**

答弁書第 12 号
内閣参質 144 第 12 号
平成 10 年 12 月 25 日
内閣総理大臣　小渕　恵三

参議院議長　斎藤　十朗　殿

　参議院議員緒方靖夫君提出東京・武蔵府中税務署における修正申告書偽造事件に関する質問に対し、別紙答弁書を送付する。

**参議院議員緒方靖夫君提出東京・武蔵府中税務署における**
　**修正申告書偽造事件に関する質問に対する答弁書**
一について
　平成 10 年 9 月 18 日に、御指摘の事件に係る納税者のうち 1 名が東京国税局武蔵府中税務署を訪れ、納税者本人名義の修正申告書の閲覧を行った際に、修正申告書の住所、氏名等

の筆跡は自分のものではないとの申立てを行ったため、東京国税局武蔵府中税務署において直ちに事実確認を行い、当該納税者の調査を担当した職員に事情説明を求めたところ、翌19日に、**当該職員が修正申告書を作成した上で納税者自身がこれを提出したかのごとく装ったこと及び他に同様の事案が1件あることが判明した。**このため、週明けの21日及び22日に、東京国税局武蔵府中税務署総務課長及び個人課税第一部門統括国税調査官がこれらの納税者の方々それぞれの自宅に赴き事実関係を説明し、遺憾の意を表した。また、これらの納税者の方々には、修正申告に係る所得税の督促状及び加算税の賦課決定通知書が送付されていたほか、所得税の修正申告に伴う地方税の賦課決定等も行われていたため、直ちに所要の手続を開始し、25日に、東京国税局武蔵府中税務署個人課税第一部門統括国税調査官が、これらの納税者の方々それぞれの自宅に改めて赴き、督促状の全部取消通知書及び加算税の賦課決定処分の取消通知書を交付するとともに、改めて遺憾の意を表した。

（省略）

## 三について

　過去における事例としては、昭和59年に関東信越国税局所沢税務署、昭和60年に福岡国税局筑紫税務署、昭和61年に大阪国税局東大阪税務署、平成元年に札幌国税局札幌西税務署、平成4年に福岡国税局福岡税務署において、それぞれ**調査担当職員が修正申告書を作成した上で納税者自身がこれ**

を提出したかのごとく装った事実が判明したことを把握しているところである。

**四について**

このような事件は、税務行政において本来起きてはならないものであるが、**個々の事件の背景には、個人的な事情など**様々な事情があったものと考えている。

また、修正申告書は、税務調査の結果、納税者の申告額が過少であることが判明した場合に、調査結果を十分納税者に説明した上で納税者が自主的に提出するものであり、税務職員がその提出を強要するというものではない。

**五について**

税務行政の適正な執行については、常日頃から会議、研修等を通じ職員の指導に努めているが、今後このような事件が再発しないよう国税組織全体として取り組んでいかなければならないと考えている。

このため、国税庁においては、今回の事件を踏まえ、統括国税調査官等が税務調査の進ちょく状況を的確に把握し、担当者に対して明確な指示を行うこと、修正申告書等の収受の方法を工夫することなど事務管理の一層の徹底を図るよう各国税局等に対し改めて指示を行ったところである。

この答弁書では、偽造修正申告書に係る加算税の種類は不明です。しかし、答弁書に重加算税と表記されていないこと、申告所得税の調査では重加算税を賦課することが重視されていないことから、過少申告加算税が賦課されていたものと推測されます。調査官を追い

　　　　　　　　　　　　　Ⅱ　税務調査のガラパゴス化

詰めたもの、それは、調査結果を是認にしない、という意気込みだったのかもしれません。

　国税庁は、同じような事件が過去に5件あったことを把握し、その原因について、「個々の事件の背景には、個人的な事情など様々な事情があったものと考えている」と答弁しています。偽造修正申告事件の主たる原因が「個人的な事情」であれば、私の推測は的を得ていないことになります。

⑷　**不正所得と調査官**

　国税庁のホームページでは、不正発見割合等の数字を公表（「法人税の実地調査の状況」P 21）しています。数字を算出する過程で、調査官の個人別の不正発見割合も算出しているのであれば、不正発見割合が高い調査官、低い調査官がいるはずです。

　不正発見割合に差が生ずる原因は、調査官の調査能力の差及び調査官1人1人の重加算税に対する姿勢の温度差にもあるのでしょう。

　極端な事例を持ち出してそれを一般化することはできませんが、次の新聞記事は、調査官の重加算税に対する姿勢の温度差を示す一例となります。

〔新聞記事〕
　　　　　　広島国税局　偽課税通知書作成事件

「評価上がる」と脱税指摘の虚偽報告

　企業が脱税行為などをしたように装った文書を捏造（ねつぞう）し、

35

「必要のない課税をしたとして、広島国税局は14日、広島市内の税務署勤務の男性国税調査官（31）を懲戒免職にした。国税庁監察官は同日、調査官を虚偽公文書作成・行使の疑いで広島地検に書類送検した。
　発表によると、調査官は「脱税行為を指摘すれば評価が上がり、出世できると思った」と話しているといい、発覚しないよう、各企業に送った重加算税などを求める偽の通知書を「誤送付だった」と回収していた。重加算税など計約33万円は自分で納付していた。
　調査官は2006年12月～07年6月に税務調査をした企業24社のうち3社につい「脱税行為がある」と上司に虚偽の報告をし、偽の通知書を作成。別の2社には、源泉所得税の課税を求め、同様の通知書を作ったという。　　　　　（平成20年8月15日　読売新聞）

　納税者に内緒で重加算税をでっち上げ、その税金を調査官のポケットマネーで納付した、という信じられない事件です。調査官をここまで追い込んだものは何か、税務署は重加算税をどのように評価しているのか、税務署内で何故チェックできなかったのか等々、国税組織の在り方に一石を投じる事件でした。私はこのニュースの「脱税行為を指摘すれば評価が上がり、出世できると思った」の部分を読んで、すぐに法人税課税部門の調査官の事件だと思いました。法人税の調査では、調査官には、国税庁が言うところの「不正所得」の把握が求められているからです。
　次の事案では、調査官はどのような結論を出すでしょうか。

## Ⅱ 税務調査のガラパゴス化

> 【税務調査で把握したこと】
> ① 納税者も非違を認めた、過少申告加算税対象の未払給与の否認 2千万円
> ② 事実関係を解明しきれていない社長の特殊関係人への架空給与 2百万円

以下は、私の直感による割合であり、根拠がありません。

税務署の一般部門の調査官であれば、次のように処理するであろう、と想定されます。

> ・6割の調査官は、未払給与だけを否認します。
> ・2割の調査官は、架空給与だけを否認するために、未払給与を取引材料にします。
> ・1割の調査官は、綿密な調査を続け、両方を否認するよう努めます。
> ・1割の調査官は、面倒くさいので、是認処理します。

国税局の課税部（資料調査課）の実査官であれば、次のように処理するであろう、と想定されます。

> ・8割の実査官は、両方を否認するよう徹底的に調査します。
> ・2割の実査官は、架空給与だけを否認します。

以上の差異はどこから来るものなのか、次の記事が参考になります。

国税庁ホームページ → 大阪国税局 → 採用案内 → 国税専門官試験採用 → 先輩からのメッセージ → 資料調査課

> 　私の所属する課税第二部資料調査課では、大口な脱税が見込まれる法人や広域的に事業活動を展開している法人等を対象に調査を行っています。
> 　資料調査課は、任意調査の最後の砦といわれるセクションであることから、日々強い自負心を持ち、仕事に取り組んでいます。

　つまり、資料調査課で勤務する実査官は、「強い自負心」をもって、重加算税対象の増差所得（ここでは「大口な脱税」と表現しています）を把握し、税務署よりも厳しい姿勢（ここでは「任意調査の最後の砦」と表現しています）で調査に取り組んでいることがわかります。なんとしても、隠ぺい・仮装の事実を把握したいのです。

　ガラパゴス化された国税組織の中で、ガラパゴス化された調査官が行う税務調査です。事実関係は一つでも、調査結果は調査官により異なってしまいます。

### (5) 調査官の内なる基準

　従業員に対する住宅の供与について、給与課税されない賃貸料は、通達の計算では非常に安く設定されています。実際に、公務員住宅に住む公務員には、源泉所得税が課税されていないようです。交通便利な場所で環境の良い公務員住宅に暮らす調査官は、自分よりも勤務条件の悪い中小企業の従業員が、つつましい社宅を無償で借りているからといって、源泉所得税を課税できるでしょうか。課税できる調査官もいます。しかし、調査官にほんの少しだけ想像力があれば、なかなか課税などできません。

　法人の必要経費と個人的な費用との区分については、グレーゾー

ンが広いため、調査官の内なる基準が前面に出てきます。具体例として、法人が交際費や会議費に計上した飲み食いの費用について考えてみます。

　個人的費用を検討する調査官は、飲食の相手が業務に関連する人なのか、その会合が業務上の必要性があるのかを調べます。取引先を探そうとして異業種交流会に参加する費用であれば、必要経費となります。一方で、社長の出身大学の同窓会での飲食の費用は、個人的な費用として否認することになります。

　しかし、別の調査官の内なる基準は違うかもしれません。異業種交流会に参加して、売上に結びつく出会いなど、経験上、あまりありません。また、大学の同窓会に出席したとしても、自分の商売に結びつけようと熱心に仕事の話をすれば、嫌われてしまいます。一方で、仕事のことを忘れ、旧友との友情を暖めていれば、期待していなくても仕事の話が舞い込んでくるものです。そういった人間の心理にまで思いを馳せることができる調査官であれば、同窓会での飲食費を、調査のターゲットにはしないでしょう。

　税務調査は、事実関係に法令通達を適用する前に、調査官の内なる基準により影響を受けているのです。

## 5　税務用語のガラパゴス化

### (1)　税務署の独自用語

　税務職員どうしで話す言葉は、世間と異なった使われ方があり、それを何気なく使っていると、第三者には理解できないことが多々あります。落合博実著「徴税権力」を読みますと、査察部の隠語

「マルサ」、資料調査課の別名「リョウチョウ」を、普通名詞のように使い、「リョウチョウ」の調査手法を「料調方式」と説明しています。また、「増差」は申告漏れ所得を意味し、「特殊関係人」とは愛人のことと、だれでも判るように解説しています。

　隠語は時代とともに移り変わっていくのでしょう。今は使われているかどうか知りませんが、こんな隠語もありました。税務署に出入りしている税理士や関係団体の方には、馴染みの言葉でもあります。

　法人部門…………サンズイ
　所得税部門………トコロ
　資産税部門………ツカサ
　徴収部門…………ギョウニンベン
　査察部……………6階
　資料調査課………米
　調査部……………ゴンベン
　国税庁……………霞
　国税局……………本店
　税務署……………支店
　署長………………おやじ
　副署長……………サブ
　主査………………ヌシ
　統括官……………父さん
　上席………………上さん
　調査官……………官
　消費税……………ケシ

# Ⅱ 税務調査のガラパゴス化

　源泉税…………マルゲン
　是認……………マルコレ
　確定申告時期……祭

　その他、「税務署・隠語」で検索すると、私が知らない隠語もたくさん出てきます。

　税務調査では、納税者のプライバシーまで深く入り込むため、税務職員には厳しい守秘義務が果たされます。また、どんな場所であろうとも、税務職員の会話は聞き耳を立てられてしまいます。そういった理由で隠語文化が発達しました。一方で、国税庁のホームページで「平成20年度　査察部（マルサ）の概要」などと公式に記載されているのを見ると、国税庁は隠語を逆手にとってうまく利用しているな、と感心します。

## (2) 重加算税に係る用語のガラパゴス化

　税務調査時に使われる用語に対する世間一般の理解と調査官の認識には、温度差があります。重加算税に関連する用語について、調査官は、次の表のとおり認識しています。

　なお、表中の「概ね過少申告加算税対象」に関しては、枕詞として「故意に」、「意図的に」、「利益調整のために」、「税金を免れるために」などが入ると、重加算税対象（隠ぺい・仮装あり）を意味する用語になります。

　ただし、それはあくまでも調査官及び税務署にとっての重加算税対象という意味であり、それらの枕詞があるからと言って、事実の「隠ぺい・仮装」が立証されたことには、なりません。

| 概ね過少申告加算税対象 | 重加算税対象 |
|---|---|
| 売上計上もれ | 売上除外（脱ろう） |
| 収入計上もれ | 収入除外 |
| 仕入過大計上 | 架空仕入 |
| 費用過大計上 | 架空費用 |
| 他科目交際費 | 科目仮装交際費 |
| 棚卸計上もれ | 棚卸除外 |

　これらの用語は、聴取書あるいは申立書で用いられるとき、重加算税の可否判定に重要な意味を持ちます。その言葉の意味（あくまでも調査官サイドの意味）を理解しないで、調査官の求めに応じて聴取書に署名押印すれば、隠ぺい・仮装の事実がないにもかかわらず、それを認めたとことになってしまう恐れがあります。少なくとも調査官は、納税者が隠ぺい・仮装を認めたと認識するでしょう。

　たとえば、棚卸の計上もれ（過少申告加算税の対象）があったと認めたつもりなのに、申立書あるいは聴取書に「棚卸を除外しました」と記載され、納税者がその書面に署名押印をすれば、隠ぺいの事実ありと認めたことになりかねません。

　ただし、本来は、このような申述書を根拠に、重加算税を賦課することはできないと解されます（【事例3】P 140）が、調査官が上司に調査内容を報告する際には、大きなポイントになります。どんな役所でもトラブルは避けようとしますが、税務署も同じです。納税者が重加算税を賦課されることを納得していることが文書で示されていれば、トラブルにはならないだろう、と上司は安心し、決裁もスムーズに流れていきます。

## Ⅱ 税務調査のガラパゴス化

　国税庁の「法人税の重加算税の取扱いについて（事務運営指針）」（P100）では、次の単語を「隠ぺい・仮装を意味する言葉」として使用しています。

| 隠ぺい・仮装を意味する単語（事務運営指針より抽出） |
|---|
| 破棄　隠匿　改ざん　偽造　変造　虚偽　脱漏<br>除外　架空　二重帳簿　意図的な集計違算 |

　納税者の錯誤を故意に利用する調査官などはいないとは思いますが、税務調査時においては、納税者は不用意にこれらの単語を用いて、誤解されないよう気をつけるべきです。また、税理士は、納税者に対してこれらの言葉の意味するところを説明し、申述書等で納税者が不利にならないよう指導することが求められます。

# Ⅲ　ガラパゴス化の事例検討

## 1　交際費と給与と賞与

　税務調査では、調査により把握した事実関係について、どのように処理するのかの方針を決め、結論を出すが、その方針が組織によって異なります。調査官は知らず知らずのうちに組織の方針が身に付き、調査全体もその色に染められます。

　たとえば、法人税調査で、ある取引について税務上の問題があるときに、税務署・国税局課税部（主として中小企業の調査）と国税局調査部（主として大企業の調査）、国税局査察部（犯則調査）とでは、異なる結論になることが多々あります。具体例で検討しますが、私が調査官であったと仮定した場合の想定される行動パターンであり、それは違うのではないか、との指摘に対して、反証できるものではありません。

### 【事例1】代表者と特殊関係人とのゴルフプレイ代の処理

　法人の調査で、
　　代表者が特殊関係人（ただし、得意先の役員）とゴルフをプレイしたときの費用20万円が福利厚生費勘定に計上されていました。帳簿

及び領収証には、従業員とゴルフした、と虚偽の事実が記載されていました。
　調査官はどのような方針で税務処理を行いますか。

　ここで、特殊関係とは、愛人のことです（P 40）。
　検討を始める前に、ゴルフのプレイ代に関して、どのような会計処理があるのか、簡単にまとめてみます。
　社員全員が参加するゴルフ大会……………福利厚生費
　社長や役員の個人的なプレイ………………役員賞与
　社員の個人的プレイ…………………………給与
　得意先の接待…………………………………接待交際費
　ゴルフ代を福利厚生費に計上していた場合、次のような税務上の非違が想定されます。

① 通常、ゴルフにかかる費用は接待交際費に計上されます。
　　　交際費の損金不算入額　2万円　又は　20万円
② 社長等の役員が個人的にプレイしていれば、認定賞与となります。
　　　福利厚生費否認　　　　20万円　／　役員賞与　20万円
　　　消費税の課税仕入否認　20万円
　　　源泉税の非違金額　　　20万円
③ 従業員が個人的にプレイしていれば、給与を認容します。
　　　福利厚生費否認　　　　20万円　／　給与認容　20万円
　　　消費税の課税仕入否認　20万円
　　　源泉税の非違金額　　　20万円
④ 誰とプレイしたか不明の時は、立証責任が問題になります。
　　　会社経理是認、上記①、②、③あるいは貸付金処理などが考えら

## Ⅲ　ガラパゴス化の事例検討

れますが、調査官の質問検査を通し、着地点が「合意」されることになります。

【事例1】では、福利厚生費に計上したゴルフのプレイ代20万円について、代表者がプレイしている事実は確認できたが、それが法人の業務か否か曖昧な場合、調査官はどのような調査方針で臨むのか、所属する組織によって異なってきます。

### A　調査官の調査方針

#### ａ．税務署または国税局課税部の調査官の調査方針

① 法人税の重加算税を賦課決定できるよう、隠ぺい・仮装の事実を把握する。

② ゴルフのプレイ代は代表者の個人的費用と認定する。

③ 福利厚生費否認20万円とする。

#### ｂ．国税局調査部の調査官の調査方針

① 法人税の重加算税を賦課決定できるよう、隠ぺい・仮装の事実を把握する。

② ゴルフのプレイ代は調査法人の交際費と認定する。

③ 交際費損金不算入額20万円として処理する。

#### ｃ．国税局査察部の査察官の調査方針

① 犯意の有無、いわゆる脱税なのか調査する。

② ゴルフのプレイが架空で、20万円が簿外にプールされてないか、検討する。

③ 実際にプレイをしているのであれば、調査対象からはずす。

B 所属する組織により調査方針が異なってしまう理由

　a．税務署または国税局課税部の調査官の考え方

　　調査官は、福利厚生費を交際費に是正する事実認定は避けます。なぜなら、資本金の額が1億円以下の法人であれば、原則として、定額控除限度額600万円に達するまでは、交際費の支出額のうち9割は損金に算入されてしまうからです。ゴルフのプレイ代20万円を交際費として否認しても、増差所得は2万円にしかなりません。

　　したがって、ゴルフのプレイ代は代表者の個人的費用であると認定し、福利厚生費否認、代表者に対する認定賞与として処理します。役員に対する賞与は損金不算入だから増差所得は20万円となります。

　　消費税も連動して重加算税が賦課されます。源泉所得税の重加算税は、法人税の重加算税と併課しないように取り扱われています（調査法人が赤字で調査による法人税の重加算税が発生しないときは、源泉所得税の追徴税額に重加算税が賦課されることになります）。

```
法人税………福利厚生費否認　20万円（認定賞与／重加
　　　　　　　算税対象）
消費税………課税仕入否認　　20万円（重加算税対象）
源泉所得税…非違金額　　　　20万円（重加算税対象／
　　　　　　　　　　　　　　　不納付加算税のみ）
```

　b．国税局調査部の調査官の考え方

　　調査官は、当該ゴルフのプレイ代20万円を交際費と認定

## Ⅲ　ガラパゴス化の事例検討

します。なぜなら、調査部所管法人は、ほとんどが資本金１億円以上なので、交際費は全額損金不算入となり、重加算税対象で20万円の増差所得となるからです。調査官の目指すところは、法人税に係る重加算税の賦課決定です。否認事項が交際費の限度超過額であれば、消費税の非違も源泉所得税の非違も発生しないため、調査法人も受け入れやすい処分です。つまり、調査官と調査法人の利害が一致するのです。

　また、調査部の調査官は、事実関係にかかわらず、源泉所得税の課税を避ける傾向にあります。

　事例１では、主体が代表者ですが、一般的には調査部所管法人は大企業であり、代表者等の役員の行為が税務上の問題となるケースはまれです。調査のターゲットは、企業の最前線で働く部課長等が行う取引となります。したがって、源泉所得税の問題が発生するとすれば、役員に対する認定賞与（損金不算入）が適用される状況よりも、社員に対する給与が認容（損金算入）となるケースが多く、その場合は、法人税の増差所得がなくなってしまいます。したがって、調査官は源泉所得税の非違があるという事実認定を行うことは避けたいのです。

　更に重要なことは、源泉所得税の調査権限は税務署にあり、調査部には源泉所得税を調査する権限も処理する権限もないということです。国税庁のホームページの「調査課所管法人」の調査事績でも、法人税と消費税しか集計されていません。調査部で源泉所得税の非違を把握した場合、自らの事績にすることができず、自ら処理することもできず、所轄税務

署に処理を依頼することになります。それは、所轄税務署に余分な仕事をお願いすることであり、心情的には避けたいことです。したがって、調査部の調査で、給与や報酬の源泉所得税の問題があろうとも、それを指摘されることは少ないのです。

> 法人税………交際費損金不算入額　20万円（流出／重加算税対象）
> 消費税………非違なし
> 源泉所得税…非違なし

#### c．国税局査察部の査察官の考え方

　国税局ホームページの「査察の概要」では、不正（隠ぺい・仮装）、申告漏れ所得金額、追徴税額といった統計データがありません。査察官は、告発件数及び脱税額が求められているのであり、隠ぺい・仮装（国税庁が言うところの「不正」）については全くと言っていいほど意識しません。告発対象の所得（犯則所得）であれば、当然に重加算税対象の所得になると認識されているので、その認識の正否は別として、重加算税対象などと考える必要もないし、実際にも考えていないでしょう。査察官にとって重要なことは、脱税者の「犯意」を明らかにし、「偽りその他不正の行為」すなわち脱税の証拠を収集することにあります。

　多くの論者が、査察調査を重加算税と結びつけて解説していますが、査察調査での重加算税は、調査結果に付随するものにしかすぎません。この事例は、告発という査察調査の目

# III　ガラパゴス化の事例検討

的には貢献しないので、査察官の調査の対象外になると想定されます。

★【事例1】で、ゴルフをプレイしたのが代表者ではなく営業部長だったらどうなるでしょうか。

## 【事例2】営業部長と特殊関係人とのゴルフプレイ代の処理

法人の調査で、
　営業部長が特殊関係人（ただし、得意先の社員）とゴルフをプレイしたときの費用20万円が福利厚生費勘定に計上されていました。帳簿及び領収証には、従業員とゴルフした、と虚偽の事実が記載し、本当のことは誰も知りませんでした。
　調査官はどのような方針で税務処理を行いますか。

### A　調査官の調査方針
#### a．税務署または国税局課税部の調査官の考え方

　調査官は、当該ゴルフのプレイ代20万円を給与と認定することは避けます。なぜなら、福利厚生費20万円を否認しても、給与20万円を認容しなければならず、法人税の増差所得がなくなってしまうからです。もちろん、消費税の否認及び源泉所得税の追徴課税が発生し、重加算税も賦課決定できます。しかし、「広島国税局偽課税通知書作成事件」（P35）から想定できるように、法人の税務調査で求められているのは、法人税の重加算税対象所得の把握なのです。
　それでは、どうするのか。貸付金あるいは立替金という理

論構成ができるかを検討します。経理部長の個人的費用を調査法人が営業部長に貸し付けたことにして、福利厚生費20万円を否認し、貸付金として処理するとともに、未収利息（受取利息計上もれ）を発生させます。貸付金は、後日、営業部長から返済させます。

　この方法では、消費税の課税仕入は否認されますが、給与の源泉所得税課税を回避することができます。しかし、お金の貸し借りは、貸主と借主の意思の一致によって発生するものであり、調査時点から過去にさかのぼってその事実を認定することは、無理筋だと思われます。

　しかも、調査官は調査法人に対して、当該貸付を証する取締役会議事録と金銭消費貸借契約書、貸付金処理をした振替伝票などの書類を要求し、場合によっては、ゴルフのプレイ日まで遡った日付を記載させ、それらを証拠書類として税務署長に提出するようを求めてきます。

　ゴルフのプレイ日において、調査法人と営業部長との間で20万円の貸借の意思の合致がなかったにもかかわらず、調査官は貸付の事実があったものとして認定します。意地悪な見方をすれば、調査官が納税者に虚偽の内容の書類の提出を求め、納税者は虚偽の内容の書類を作成税務署に提出する、ということになります。この行為は、仮装にならないのでしょうか。

　税務調査では、純粋な事実関係などはなく、調査官と納税者である調査法人、そして税理士の間で、事実関係を作り上げているのが実態です。

## Ⅲ　ガラパゴス化の事例検討

> 法人税………福利厚生費否認 20万円（貸付金／重加算税対象）
> 　　　　　　受取利息計上もれ　2千円（未収利息）
> 消費税………課税仕入否認　　20万円（重加算税対象）
> 源泉所得税…非違なし

### b．国税局調査部の考え方

【事例1】と同様に考え、当該ゴルフのプレイ代20万円を交際費と認定します。

> 法人税………交際費損金不算入額20万円（流出／重加算税対象）
> 消費税………非違なし
> 源泉所得税…非違なし

### c．国税局査察部の査察官の考え方

【事例1】で説明しましたが、調査の対象外となるでしょう。

★【事例1】でゴルフを一緒にプレイしたのが特殊関係人ではなく妻（従業員）だったらどうなるでしょうか。

## 【事例3】代表者と妻とのゴルフプレイ代の処理

> 代表者が従業員である妻（従業員）とゴルフをプレイしたときの費用20万円が福利厚生費勘定に計上されていました。帳簿及び領収証には、従業員とゴルフした、と記載されていました。

53

> 調査官はどのような方針で税務処理を行いますか。

### a．税務署または国税局課税部の調査官の考え方

　【事例1】と同じとなりますが、妻は従業員であることから、帳簿及び領収証の「従業員とゴルフした」との記載は虚偽とは言えず、隠ぺい・仮装ではないとの理屈も成り立ち、重加算税を賦課することは難しいと思われます。

```
法人税………福利厚生費否認　　20万円（認定賞与）
消費税………課税仕入否認　　　20万円
源泉所得税…非違金額　　　　　20万円（全額代表者）
```

　なお、20万円全額を社長に対する賞与としましたが、妻のプレイ分が10万円であれば、妻への給与という解釈も成り立ちます。その場合、給与10万円が認容されることになります。

```
法人税………福利厚生費否認　　20万円（認定賞与/給与）
　　　　　　給与認容　　　　　△10万円
消費税………課税仕入否認　　　20万円
源泉所得税…非違金額　　　　　20万円（代表者10万
　　　　　　　　　　　　　　　円、妻10万円）
```

　しかし、このような決着は、法人税調査ではまれであり、調査官は、10万円の認容を避ける努力をします。妻のプレイ代は、代表者が負担するものだから、代表者に対する賞与であると理屈を付けます。

Ⅲ　ガラパゴス化の事例検討

　　妻が従業員ではなく役員であれば、次のような否認であっても、調査官に不満はありません。

> 法人税………福利厚生費否認　20万円（認定賞与）
> 消費税………課税仕入否認　　20万円
> 源泉所得税…非違金額　　　　20万円（代表者10万円、
> 　　　　　　　　　　　　　　　　妻10万円）

### b．国税局調査部の調査官の考え方

　【事例1】と同じとなります。

　妻とのゴルフのプレイ代は、代表者への賞与と考えるのが自然でしょう。しかし、調査法人にとっては、源泉所得税及び消費税の非違を伴う給与認定は　納税額が増え不利であり、また、会社資金の私的流用と処理されるよりは、交際費処理の方が面子が立ちます。

> 法人税………交際費損金不算入額　20万円（流出／過少
> 　　　　　　　　　　　　　　　　　申告加算税対象）
> 消費税………非違なし
> 源泉所得税…非違なし

### c．国税局査察部の査察官の考え方

　【事例1】と同様に、調査の対象外となるでしょう。

〔事例検討のまとめ〕

　ここで説明してきた事例は、国税内部の組織がガラパゴス化している、それにより税務調査における事実認定が左右される、という

ことを示しています。一度読んだだけではなかなか理解できないので、次の表を参考にしながら整理します。

| 部署 | 調査対象 | 調査権限のある税目 | 交際費 | 役員賞与・従業員給与 |
|---|---|---|---|---|
| 課税部・税務署 | 中小企業 | 法人税・消費税・源泉所得税 | 9割損金算入 | 賞与・損金不算入 |
| 調査部 | 大企業 | 法人税・消費税 | 損金不算入 | 給与・損金算入 |

　税務署所管法人はほとんどが資本金1億円以下であり、他科目交際費（交際費であるにもかかわらず福利厚生費に計上）を20万円否認しても、交際費の損金不算入額の計算により増差所得額が2万円と少なくなります。

　また、中小企業であれば、交際費を使うのは代表者または役員であることが多いが、役員賞与は損金不算入となるので、法人税の非違（福利厚生費否認）は認容されません。したがって、税務署の調査官は、当該福利厚生費20万円を個人的費用として否認し、認定賞与20万円として処理するよう、無意識のうちに動機づけられます。

　一方、国税局調査部の所管法人のほとんどは資本金が1億円以上であり、福利厚生費20万円を交際費として処理した場合、20万円は全額損金不算入となります。

　また、調査部には源泉所得税の課税権がなく、源泉所得税の非違事項を把握した場合は、税務署の担当部門が源泉所得税の決定等を行うことになるので、税務署に余分な仕事の負担をかけさせたくないとの意識が働きます。また、大企業の交際費の多くは役員以外の

## III　ガラパゴス化の事例検討

従業員が使うことが多く、個人的費用として否認した場合は、法人税の増差所得は、福利厚生費否認20万円、給与認容20万円、で相殺されてしまいます。したがって、調査部の調査官は、当該雑費を交際費とする方向で調査展開を図るよう、無意識のうちに動機づけられます。

　以上の説明で理解できると思いますが、税務調査である一つの取引について事実関係を解明する場合、調査官の所属する部署により事実認定が異なります。その調査官が配置換えで部署を異動すれば、新たに所属する組織に馴染み、染められ、疑問に思うこともなく、その部署が求める事実認定を行うようになります。調査官はサラリーマンであり、それはごく自然の振る舞いでもあります。税務調査では、ただ一つの絶対的な真実などはなく、調査官、納税者及び税理士による結論に向けたストーリーの結果が、その調査における真実となります。

　ここで注意しなければならないことは、そのストーリーが調査官に都合の良いものになってしまっているのではないか、ということです。

　課税部・税務署の調査で、調査官から個人的費用のつけ込みを指摘されたときは、本当に個人的な費用なのか、実際には交際費ではないのか、よく検討する必要があります。また、調査部の調査で、調査官から他科目交際費を指摘されたときは、本当に交際費なのか、実際には給与ではないのか、という視点も大切です。

## 2　交際費と寄附金

事例を基に、検討します。

### A新聞社架空経費事件

> **A新聞社が2億5千万円申告漏れ　東京国税局指摘**
>
> 　A新聞社が東京国税局の税務調査を受け、2010年度までの5年間で約2億5100万円の申告漏れを指摘されたことが30日、分かった。同社は29日に修正申告し、法人税約7500万円を納付した。一部は仮装・隠蔽を伴う所得隠しと判断され、今後さらに重加算税400万円を含む加算税約1100万円が課される見込み。
>
> 　同社によると、N本社が06〜07年度に新聞販売店に支出した販売奨励金のうち4300万円について支払いの根拠が確認できないとされ、経費に算入できない「寄付金」と認定されるなどしたという。
>
> 　A新聞社広報部の話　指摘を真摯に受け止め、今後一層、適正な経理、税務処理に努める。
>
> 　　　　　　　　　　　　　平成24年3月30日　　日本経済新聞

「寄附金」の認定とはどういう意味なのか判りますか。なぜ、交際費ではないのでしょうか。

　　国税庁のホームページ　→　税について調べる　→
　　タックスアンサー　→　法人税　→　交際費　→
　　分類コード5262

で、次のように解説しています。

### Ⅲ　ガラパゴス化の事例検討

---

### 交際費等と寄附金との区分

　交際費等とは、得意先や仕入先その他事業に関係のある者に対する接待、供応、慰安、贈答などの行為のために支出する費用をいいます。

　一方、寄附金とは、金銭、物品その他経済的利益の贈与又は無償の供与をいいます。

　一般的に寄附金、拠出金、見舞金などと呼ばれるものは寄附金に含まれます。

　ただし、これらの名義の支出であっても交際費等、広告宣伝費、福利厚生費などとされるものは寄附金から除かれます。

　したがって、金銭や物品などを贈与した場合に、それが寄附金になるのかそれとも交際費等になるのかは、個々の実態をよく検討した上で判定する必要があります。

　ただし、次のような事業に直接関係のない者に対する金銭贈与は、原則として寄附金になります。

　(1)　社会事業団体、政治団体に対する拠金
　(2)　神社の祭礼等の寄贈金

　　　　　　　　　　　（法法37、措法61の4、措通61の4 (1)-2）

---

　支払の根拠が確認できない販売奨励金4,300万円について、調査官はどのような思考過程で検討を進めるのでしょうか。私が調査官であれば、交際費あるいは寄附金の定義は二の次の話となります。大まかな事実関係を把握し、どのような理屈を当てはめれば課税できるのかを検討し、法律に合わせて事実関係を確定します。

【税務上の事実認定に至る思考過程】

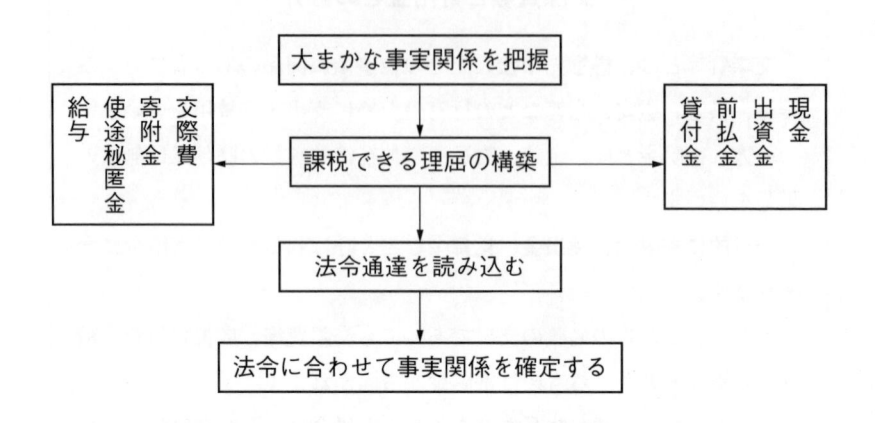

```
                    大まかな事実関係を把握
                           ↓
 給 寄 交                              現 出 前 貸
 与 附 際  ←  課税できる理屈の構築  →  金 資 払 付
   金 費                              　 金 金 金
 使途秘匿金
                           ↓
                    法令通達を読み込む
                           ↓
                 法令に合わせて事実関係を確定する
```

　支払先が法人であれば、交際費課税は選択外となります。その理由は、交際費は、談合金等を除き、原則として、接待、供応等の対象が個人でなければならないからです。ただし、支払先法人がダミーで、実質的には個人に帰属する費用であれば、交際費と認定することもあるかもしれません。

　支払先が個人であれば、交際費の選択肢は残されます。もし、これが税務署の調査で金額が小さいと仮定すれば、交際費を選択しないでしょう。交際費の損金不算入額は支出金額の1割であり、調査効率（費用対効果）が悪いからです。寄附金を選択すれば、次の式により損金算入限度額を計算し、増差所得金額を計算したうえで、方向性を判断します。一般的には、税務署所管法人は資本金が小さく、赤字法人が多いので、寄附金の損金不算入額は、大きくなります。

### Ⅲ　ガラパゴス化の事例検討

---

**一般の寄附金の損金算入限度額**

$$\left\{ 資本金等の額 \times \frac{当月の月数}{12} \times \frac{2.5}{1,000} + 所得の金額 \times \frac{2.5}{100} \right\} \times \frac{1}{4}$$
　＝〔損金算入限度額〕

---

　国税局調査部の所管法人では、資本金及び所得金額とも大きいので、寄附金の損金算入限度額も大きく、増差所得は小さくなることが多いです。反対に、大規模法人の交際費は全額損金不算入となり、増差所得金額は大きくなるので、調査官としては支払いの根拠が確認できない販売奨励金は交際費と認定したいところです。

　また、寄附金と認定された支出は、消費税の課税仕入れが否認されます。しかし、調査部であれば、調査官に対して、消費税の非違よりも法人税の多額の増差所得を求めているかもしれません。そうであれば、調査官は消費税を取引材料にして、納税者に対して交際費課税を納得させるよう説得することになります。

　しかし、先にも説明したとおり、販売奨励金の支出先が法人であれば原則として交際費とはなりません。調査官は、当該販売奨励金について、試行錯誤しながら課税できる理屈を探します。

　当該販売奨励金は、実は、
　①　寄附金である。
　②　貸付金、前払金、預け金あるいは出資金である。
　③　使途秘匿金あるいは使途不明金である。
　④　役員が個人的に負担すべきもの（給与）である。

などと認定した場合、理屈が通るのかを検討します。方針が決まれば、その結論に向けてのストーリーを完成させ、事実関係を取捨

選択し、調査をまとめることになります。これは、あくまでも私が調査官だと仮定した場合の調査方法です。

　A新聞社の販売奨励金4,300万円は、寄附金と認定されたことから、その支出先は法人である、と私は推測しています。いずれにしても調査官は、ガラパゴス化された自分の所属部署から多大な影響を受けながら、試行錯誤を繰り返し、寄附金と認定したのです。

## 3　損益取引と貸借取引

　法人の売上あるいは支払手数料、外注費等の損益科目で計上した取引が、実際には次のように貸借取引だった、ということはよくあります。

・法人間の金融取引
・社長同士の個人的な貸し借り
・前払金、前受金、仮払金、仮受金といった取引

　このような取引を税務調査で把握するのは大変難しく、多くの場合は見過ごされるが、税務調査で把握され否認されたならば、仮装取引として重加算税の対象となる可能性が高くなります。

　たとえば、A社が1,000万円で販売用のソフトの制作をB社に依頼し、それが納品されたと同時に売上に計上されたとします。仕入先B社には1,000万円支払うのだが、B社から資金繰りが厳しいので1,000万円に足して100万円を融通してくれ、と要求されました。両者は、仕入金額を1,100万円とし、内100万円は貸付金であることを口頭で確認しました。

　翌事業年度に、A社はB社に、同じく1,000万円のソフトの制

### Ⅲ ガラパゴス化の事例検討

作を依頼したが、仕入金額を 900 万円として約定することにより、貸付金 100 万円を精算しました。

その後、A社が仕入 1,100 万円を計上した事業年度の税務調査があり、仕入金額中 100 万円については貸借取引（貸付金）であることが明らかにされ、調査官は重加算税対象で仕入を否認すると主張しました。

A社　当初仕訳

| 仕　入 | 1,100 万円 | ／ | 現　金 | 1,100 万円 |
|---|---|---|---|---|

A社　正当仕訳

| 仕　入 | 1,000 万円 | ／ | 現　金 | 1,100 万円 |
|---|---|---|---|---|
| 貸付金 | 100 万円 | ／ | | |

A社　修正仕訳

| 貸付金 | 100 万円 | ／ | 仕　入 | 100 万円 |
|---|---|---|---|---|

仕入中 100 万円が実は貸付金であった、と認定するに至る調査技法の説明は、ここでは省略します。100 万円について、仕入でないことが明らかになったのだから、仕入否認の更正が行われることになります。租税法律主義からは、他の選択肢はないでしょう。

しかし、実務上の判断はそれほど単純にはいきません。B社は貸借取引である 100 万円を売上に計上しているはずです。税務上、B社の架空売上 100 万円をどのように取り扱うのでしょうか。国税組

織としては、当然、減額更正しなくてはなりません。しかし、調査官は複数の選択肢で悩むことになります。

① **B社の減額更正は行わない。**

　実務上はこれが選択されることが多いと思われるが、筋が通りません。税務当局としては手間暇がかからず、調査官の実績も上がります。

② **B社の減額更正をする。**

　A社は100万円の増額更正、B社は100万円の減額更正となり、筋は通るが、そのような処理に意味があるのでしょうか。A社が赤字法人で、B社が黒字法人であったとしたら、トータルとして税収が減るだけの結果となるので、調査官はその作業に時間を費やしたくありません。反対に、A社が黒字でB社が赤字であれば、更正処理する意味があります。しかし、その結果B社を所轄する国税の部署に、減額更正という余計な手間暇をかけさせることとなるので、心情的には、そのような処理は避けたいところです。

③ **A社もB社も処理しない。**

　A社とB社が関連会社であったり、あるいは、同族会社であれば、A社は税務当局に対してB社の減額更正を要求するかもしれません。要求されればB社の減額更正をしないわけにはいかず、果たしてそのように処理することに意味があるのかの議論になり、両社とも更正処理という可能性もあります。

　この事例から学ぶことは、税務調査では、調査対象である納税者の行為の事実関係とそれに対する税法の適用だけでは、結論が出ないということです。法律通りに処理をするのであれば、A社を増額

更正し、Ｂ社を減額更正すればよい話です。それが簡単にできないのは、Ｂ社を所轄する部署の縄張りに手を出すことを良しとしない風潮もあり、また、税務行政全体の視点からの検討も求められるからです。

## 4　外注費と給与

　労働力を提供した個人に支払う対価について、外注費となるか給与になるかが、税務調査で大きな問題となります。法人が、次の条件で職人に仕事を依頼したと仮定したとします。この支出が給与なのか外注費なのか、判定は難しいです。

---
① 仕事は特殊な技能を必要とする。
② 仕事現場までは、職人の負担で移動する。
③ 作業に必要な器具は、職人の負担で準備する。
④ 法人は、職人のタイムスケジュールを作成し、指揮監督する。
⑤ 職人が行った仕事上の対外的な責任は法人が負う。
⑥ 職人の日当は、仕事日の朝に決める。
---

　これは、実務上は頻繁に生ずる問題です。給与所得であれば源泉所得税の徴収が必要となり、事業所得であれば消費税の課税仕入が発生するので、その判定は税務処理に多大な影響を及ぼします。重要な論点であるにもかかわらず、グレーゾーンが広く、簡単には結論が出せません。

　国税庁は消費税の基本通達で次のように定めているが、最終的に

は総合勘案して判定するとしています。

### （個人事業者と給与所得者の区分）

> 1-1-1　事業者とは自己の計算において独立して事業を行う者をいうから、個人が雇用契約又はこれに準ずる契約に基づき他の者に従属し、かつ、当該他の者の計算により行われる事業に役務を提供する場合は、事業に該当しないのであるから留意する。したがって、出来高払の給与を対価とする役務の提供は事業に該当せず、また、請負による報酬を対価とする役務の提供は事業に該当するが、支払を受けた役務の提供の対価が出来高払の給与であるか請負による報酬であるかの区分については、雇用契約又はこれに準ずる契約に基づく対価であるかどうかによるのであるから留意する。この場合において、その区分が明らかでないときは、例えば、次の事項を総合勘案して判定するものとする。
> (1)　その契約に係る役務の提供の内容が他人の代替を容れるかどうか。
> (2)　役務の提供に当たり事業者の指揮監督を受けるかどうか。
> (3)　まだ引渡しを了しない完成品が不可抗力のため滅失した場合等においても、当該個人が権利として既に提供した役務に係る報酬の請求をなすことができるかどうか。
> (4)　役務の提供に係る材料又は用具等を供与されているかどうか。

　なお、法令解釈通達「大工、左官、とび職等の受ける報酬に係る所得税の取扱いについて」も参考になります。

　法人が、職人は事業所得者である、と判断して外注費に計上したとすれば、調査官はその判定が正しいのか、念入りに調査します。

Ⅲ　ガラパゴス化の事例検討

なぜなら、もしそれを給与と認定できれば、消費税の課税仕入を否認し、源泉所得税の追徴課税することができるからです。反対に法人が、職人は給与所得者である、と判断して給与に計上していれば、調査官は検討対象かはら除外するでしょう。給与を外注費と認定しても消費税あるいは源泉税の還付税額が発生し、調査官にはメリットがないからです。したがって、このグレーゾーンに関しては、本来事業所得であるにもかかわらず給与所得として処理されていた場合、それが是正されることはありません。これは、法令運用のバラパゴス化と言えるでしょう。

|  | 消　費　税 | 源泉所得税 |
|---|---|---|
| 給　与 | 税額控除できない | 源泉徴収が必要 |
| 事　業 | 税額控除できる | 源泉徴収は不要 |

## 5　報酬と源泉徴収

　源泉徴収が必要でない報酬について、源泉所得税が徴収されている場合、それが税務調査で是正されるでしょうか。

　源泉徴収を要する報酬は、原稿料や講演料、弁護士や税理士の特定資格を持つ人に支払う報酬、外交員報酬等、所得税法に限定列挙されています。しかし、それ以外の報酬でも源泉徴収している事例が多くなっています。源泉徴収するべきか迷うようであれば源泉徴収する法人があり、報酬であれば取敢えず源泉徴収する法人もあります。

　税理士は、否認されるリスクを冒したくないので、源泉徴収の判

断を求められれば、源泉税を徴収するよう保守的にアドバイスすることが多いと思われます。また、本来給与として消費税の仕入控除は認められないが、外注費に計上し、取敢えず報酬として源泉所得税を徴収しておけば、税務調査で給与認定されるリスクが減少する、と考える税理士もいます。

調査官はその事実を把握しても、税金を還付するための手間暇をかけたくないので、スルーすることになります。調査官と税理士の利害が一致すれば、誤った税務処理は是正されることはありません。大きな意味で、法令運用がガラパゴス化されていることになります。

## 6　ガラパゴス化への対応方法

税務調査における調査官の思考や行動は、自分や所属する組織のガラパゴス化された使命、権限、評価、利益等に多大な影響を受け、事実認定や法令通達の解釈までもがその影響下にあること、それは租税法律主義とは別次元の話であることは理解していただけたと思います。

納税者は調査官の都合に合わせる必要はありません。税理士にとって重要なことは、ガラパゴス化の事例を一つでも多く学ぶことです。それを知ることができれば、実際の調査でも、調査官が何を考えているのかが判るようになります。そして、ガラパゴス化によって歪められた事実認定、法令解釈を修正することができるようになります。修正とは、納税者に有利なように事実認定と法令解釈をすることです。そのせめぎあいの中で、その調査における事実認定、法令解釈が確定します（【事例19】参照　P178）。

# Ⅳ 重加算税の概要と意義

## 1 「隠ぺい・仮装」と「偽りその他不正の行為」について

　税法に、「隠ぺい・仮装」と「偽りその他不正の行為」という表現が数多くあります。本書では、それらについて様々な観点から検討をしますが、その目指すところは税務調査対策の一点です。両者の関係を整理し、その過程で重加算税に対する理解を深めて理論武装します。次に、具体的な事例を検討することにより、税務調査で否認事項が重加算税対象であると指摘されたときに、適切に対応できるようにします。

　なお、本書では主として国税通則法及び法人税法の条文を取り上げて検討を進めますが、主要な条文を列挙します。

① **国税通則法68条（要約）**

> **（重加算税）**
> **第68条**……（過少申告加算税等）の規定に該当する場合……において、納税者がその国税の課税標準等又は税額等の計算の基礎となるべき事実の全部又は一部を隠ぺいし、又は仮装し、その隠ぺいし、又は仮装したところに基づき納税申告書を提出していたときは、……税額に100分の35の割合……**重加算税**を課する。

② 法人税法第127条（要約）

(青色申告の承認の取消し)
第127条……(青色申告)の承認を受けた内国法人につき次の各号のいずれかに該当する事実がある場合には、……その承認を取り消すことができる。
　三　その事業年度に係る帳簿書類に取引の全部又は一部を**隠ぺい**し又は**仮装**して記載し又は記録し、……

③ 法人税法第34条第3項（要約）

(役員給与の損金不算入)
第34条……役員に対して支給する給与……のうち次に掲げる給与のいずれにも該当しないものの額は……損金の額に算入しない。
　3　内国法人が、事実を**隠ぺい**し、又は**仮装**して経理をすることによりその役員に対して支給する給与の額は、……。

④ 国税通則法第61条（要約）

(延滞税の額の計算の基礎となる期間の特例)
第61条　修正申告書（**偽りその他不正の行為**により**国税を免れ**、……当該申告書を除く。）の提出又は更正（**偽りその他不正の行為**により**国税を免れ**、……当該国税に係る更正を除く。）があつた場合において、……

Ⅳ 重加算税の概要と意義

⑤ 国税通則法第70条第5項（要約）

（国税の更正、決定等の期間制限）
第70条
　5　**偽りその他不正の行為**によりその全部若しくは一部の**税額を免れ**、若しくはその全部若しくは一部の税額の還付を受けた国税……についての更正決定等……は、……7年を経過する日まで、することができる。

⑥ 国税通則法第73条第3項（要約）

（時効の中断及び停止）
第73条
　3　国税の徴収権で、**偽りその他不正の行為**によりその全部若しくは一部の**税額を免れ**、又はその全部若しくは一部の税額の還付を受けた国税に係るものの時効は、当該国税の法定納期限から2年間は、進行しない。ただし、……

⑦ 法人税法第159条（要約）

（罰則）
第159条　**偽りその他不正の行為**により、……**法人税を免れ**、又は……法人税の還付を受けた場合には……法人の代表者……代理人、使用人その他の従業者……でその違反行為をした者は、10年以下の**懲役**若しくは1,000万円以下の**罰金**に処し、……

## 2 「隠ぺい・仮装」と「偽りその他不正の行為」の理解の現状

### (1) 税 理 士

　税理士は、実務の中で重加算税の取扱いに関する経験が乏しいです。なぜなら、税務当局より重加算税を賦課決定されるまでは、申告書を作成するというような能動的な作業がないからです。したがって、重加算税について、法人税や消費税などと同じようには理解を深めることができません。

### (2) 学　　者

　税法の研究者は、重加算税の賦課に関する実例を知る機会が少ないので、十分な研究ができません。なぜなら、研究者が研究対象として収集可能な、裁判所や審判所まで争われる重加算税事案はわずかであり、その内容にも偏りがあるからです。偏りとは、

　　　「隠ぺい・仮装」 ≠ 「偽りその他不正の行為」

が争点となる事案が少なく、また、査察事案などの大型事案が研究の中心となってしまうことです。

　ちなみに、平成22年度の法人税の実地調査件数は139千件、平成23年度の税務統計によれば、法人税に係る審査請求件数453件、公表裁決事例9件、訴訟事件での第1審訴訟提起件数49件です。つまり、平成23年度に一般に公式に公開された法人税の調査事案は、単純ですが、58件しかありません。それを平成22年度の調査件数139千件で割り返すと、0.0％となります。

IV 重加算税の概要と意義

　そして、より重要なことは、調査での否認事項について、事実の隠ぺい・仮装がないにもかかわらず重加算税を賦課され、納税者や税理士だけでなく調査官までもが、その賦課決定に対して疑問を持たない場合があるということです(問答事例　売掛金除外P109)。そのような場合、重加算税が法律上の問題として学者の前に浮上してこなくなります。仮にそのような事例が多数存在していたとしても、学者の議論の対象とはなりません。

　筑波大学名誉教授の品川芳宣先生の著書「附帯税の事例研究　第4版」(P405〜406)で、

① 重加算税規定における「隠ぺい又は仮装の行為」
② 罰則規定の「偽りその他不正の行為」
③ 除斥期間延長等における「偽りその他不正の行為」

の3者の関係について、次のように述べています。

> 　3者の用語の意味内容、3者がいずれも納税義務違反に対する制裁に関わること等からみて、実質的には同義の概念を有し、現実には、ほとんどの場合相互に一致して重なり合うことも否定できないと思われる。そのため、3者がそれぞれ独立した別個の概念であると理解することは、いささか観念的であるともいえる。

　この問題に関して、多くの論者が同様の見解を有しているようです。国税庁も同じ認識の下で税務行政を行っているようです。しかし、最高裁の判例（所得税法違反P93）からは、「ほとんどの場合相互に一致して重なり合うことも否定できない」との認識には疑義があります。

　納税者の主観に着目すると、3者の異同は次のとおりです（隠ぺ

い・仮装と偽りその他不正の行為の関係図P86)。

> ① 重加算税……………税を免れる意思は不要
> ② 罰則…………………税を免れる意思、かつ、犯意が必要
> ③ 除斥期間延長等……税を免れる意思が必要

　大規模法人で重加算税を賦課された事案の多くは「税を逃れる意思がない」ところでの取引に係るものです。その場合は、否認事項の内容に「偽りその他不正の行為」の事実は認められません。ただし、重加算税を賦課された事案で「税を逃れる意思がない」事案がどの程度あるのかについて、国税庁にとっては全く関心のない項目であり、国税庁の公表資料を探しても集計データは見あたらず、客観的な根拠を示すことはできません。

　中小法人も、大規模法人に比してその比率は少ないと想定されるが、同様の状況にあります。したがって、3者の関係について、「ほとんどの場合相互に一致して重なり合うことも否定できない」との認識から議論を展開すると、現実から遊離した結論を導いてしまう恐れがあります。

### (3) 税理士会

　日本税理士会連合会税制審議会では、「隠ぺい・仮装」と「偽りその他の不正行為」の関係について明確性を欠いていると指摘していますが、同審議会としての確立した見解は示されていません。

## Ⅳ 重加算税の概要と意義

○ 平成11年度諮問に対する答申

「重加算税制度の問題点」

　しかしながら、罰則規定における「偽りその他の不正行為」の概念と重加算税における「隠ぺい又は仮装の行為」の範囲との異同について、現行法令は明確性を欠いているとの指摘があった。両者は別個独立した概念であり、その範囲等は異なるとする考え方がある一方で、「隠ぺい又は仮装の行為」は「偽りその他の不正行為」に包含されるものであり、後者の概念の方が広いとする見解もある。

【平成12年2月　日本税理士会連合会　税制審議会】（P271）

○ 平成23年2月　月次研究会

「隠ぺい仮装行為と偽りその他不正の行為の相違点」

　偽りその他不正の行為に該当するけれども隠ぺい仮装行為に該当しない場合は存在する。反面、隠ぺい仮装行為に該当するが偽りその他不正の行為に該当しないケースは論理的にはありえるけれども事実上は存在しないのではないだろうか。

【日本税務会計学会】

　「隠ぺい又は仮装の行為」は、「偽りその他不正の行為」に含まれるとの見解が多数説となっています。

「偽りその他不正の行為」

「隠ぺい・仮装」

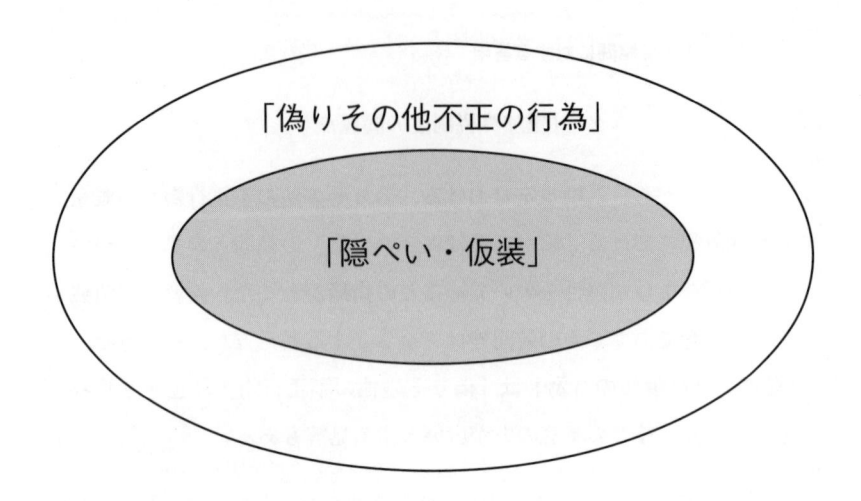

また、次のような少数意見もあります。

○　平成16年12月　月次研究会

**「重加算税について」**

　重加算税の課税要件である「隠ぺい又は仮装」と、ほ脱犯の構成要件である「偽りその他不正の行為」は相互に一致して重なり合うものであり、その態様も同じものと解してよいだろう。
　刑事罰に値する行為が「偽りその他不正の行為」であり、それに値しない行為が「隠ぺい又は仮装」となるのである。

【日本税務会計学会】

この考え方では、両者の関係は、次の図のようになります。

Ⅳ　重加算税の概要と意義

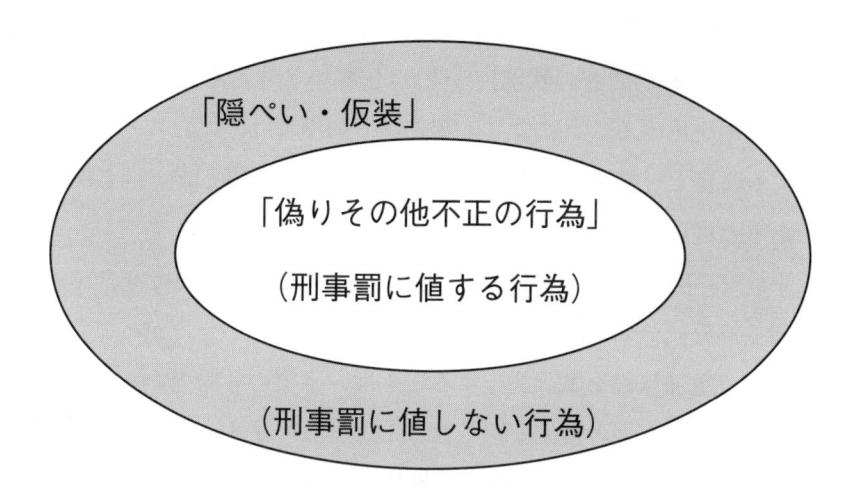

```
        「隠ぺい・仮装」
      ┌─────────────┐
     ╱   「偽りその他不正の行為」   ╲
    │    （刑事罰に値する行為）    │
     ╲                           ╱
      └─(刑事罰に値しない行為)─┘
```

(4)　国　税　庁

　「隠ぺい・仮装」の内容については、国税庁の事務運営指針（P100）によりある程度具体的に整理されています。納税者はそれに従う必要はありませんが、調査官は拘束されるので、事務運営指針は十分に検討する必要があります。

　「偽りその他不正の行為」の具体的な内容について、判例、裁決例が多数あるにも係らず、事務運営指針がありません。「偽りその他不正の行為」という法律用語は、労働法関係（国民年金法、厚生年金保険法、雇用保険法、健康保険法等）その他の税法以外の法律でも使用されているので、その内容について、国税庁だけで独自に事務運営指針を制定することに慎重になっているのかもしれません。

　国税庁には、重加算税の本質を明らかにして、それを調査官に理解させ、納税者に説明する姿勢が見られません。重加算税の可否判定には大きな意味をもつ「隠ぺい・仮装」に係る所得、すなわち重

77

加算税対象の所得について、国税庁は「不正所得」と名付けて管理（【法人税の実地調査の状況】、P 21）しています。その「不正」と言う言葉を用いることにより、調査官や納税者は、「隠ぺい・仮装」に係る所得と「偽りその他不正の行為」に係る所得とが、同じ概念であると混同してしまいました。

　平成 23 年度の国税通則法の改正により、税務当局が行う全ての不利益処分について理由附記が必要となりました。したがって、税務調査で重加算税を賦課決定するときは、事実の「隠ぺい・仮装」について、何らかの理由が附されることになります。

　それでは、7 年間にわたる更正処分が行われるとき、あるいは、延滞税の除算期間を認めないとき、「偽りその他不正の行為」の理由は附されるのでしょうか。これらが行政処分に該当するか否かの議論は置いといて、国税庁が寝た子を起こすようなことをするとは思えません。納税者にとってのこの不利益に対し、国税庁がどのように対応するのか、注視していく必要があります。

## 3　延滞税と重加算税

　何が問題なのか、延滞税に焦点をあてて検討します。

　国税庁のホームページ　→　申告・納税手続　→　延滞税の計算方法

で、延滞税の控除期間について、次の解説があります。

　（注4）　期限内申告書の提出後 1 年以上経過して修正申告又は更正があった場合（**重加算税が課された場合を除く。**）には法定納期

## Ⅳ 重加算税の概要と意義

> 限から1年を経過する日の翌日から修正申告書を提出した日又は更正通知書を発した日までは延滞税の計算期間から控除されます。
> 　また、期限後申告書の提出後1年以上経過して修正申告又は更正があった場合（**重加算税が課された場合を除く。**）には、その申告書提出後1年を経過する日の翌日から修正申告書を提出した日又は更正通知書を発した日までは延滞税の計算期間から控除されます。

　重加算税を課された場合を除く、という文言に着目してください。この解説の基になっているのは、昭和51年の次の法令解釈通達と考えられます。

### 「延滞税の計算期間の特例規定の取扱いについて」（要約）

> 　国税通則法第61条（（延滞税の額の計算の基礎となる期間の特例））の規定（以下「特例規定」という。）の取扱いを下記のとおり定めたから、今後処理するものからこれにより取扱われたい。
> 
> 　　　　　　　　　　記
> 1　延滞税の計算の基礎となる国税が次のいずれかに該当するものである場合には、特例規定の適用はないものとして取扱う。
> 　⑴　**重加算税**が課されたものである場合
> 　⑵　国税犯則取締法第14条の規定による通告処分若しくは告発又は同法第13条若しくは第17条の規定による告発がされたものである場合
> 2　特例規定の適用に当つては、重加算税の計算の基礎となつた部分の税額又は通告処分若しくは告発の原因となつた部分の税額につい

> てだけ適用がないものとして取扱う。

　ここでも、重加算税と表現されています。(1(2)は犯則調査に適用される条項であり、ここでは検討しません。)

　しかし、延滞税の控除期間を定めた国税通則法第61条（P70）では、「偽りその他不正の行為により国税を免れ」と規定されています。

　一方、

**国税庁のホームページ　→　税務大学校　→　税大講本　→　国税通則法**

では、延滞税の控除期間は「偽りその他不正の行為」があった場合、と説明しています。

　（税大講本とは、税務大学校講本の略称であり、初めて税法に触れる研修生に税法の基礎的知識を学ばせるために、税務大学校が作成しているものです。）
整理すると、次のようになります。

> **国税通則法第61条の条文では、**………「偽りその他不正の行為」
> **国税庁の通達では、**……………………「重加算税」
> **国税庁のホームページでは、**…………「重加算税」
> **税大講本では、**……………………………「偽りその他不正の行為」

　国税庁は、通達で法律の内容を変えてしまったのでしょうか。

　なお、国税通則法第70条第5項で定める国税の更正、決定等の期間制限について、同様の通達等がないか探したが、見つけることができませんでした。ということは、「更正、決定等の期間制限」

## Ⅳ 重加算税の概要と意義

は「延滞税の控除期間」の取扱いとは異なるはずです。しかし、実務では、両者は全く同じように取り扱われていると思われます。そうであるならば、「延滞税の計算期間の特例規定の取扱いについて」という法令解釈通達の存在意義がなくなります。

　税務調査の現場では、調査による否認事項が、「重加算税対象」であれば、それが「偽りその他不正の行為」に該当するか検討することなく、延滞税の控除期間を認めず、更正等の期間制限を延長するよう取り扱っているようです。そのため、国税通則法61条（延滞税の額の計算の基礎となる期間の特例）、70条（国税の更正、決定等の期間制限）、73条（時効の中断及び停止）に反する処分が行われている恐れがあります。

　判りづらい内容なので、納税者と国税徴収官との問答で補足します。

### 【問答事例】延滞税の控除（除算）期間

**納税者**：調査で修正申告書を提出したら、3事業年度分の重加算税の賦課決定の通知がきました。本税と一緒に納付しますので、延滞税も計算してください。

**徴収官**：はい、……延滞税は50万円になります。

**納税者**：高いですね。

**徴収官**：重加算税対象の場合、延滞税の除算期間がないので、高くなります。

**納税者**：え？　国税通則法第61条では、「偽りその他不正の行為により国税を免れ」と定めてありますよ。それに該当するという説明は、調査官からも誰からも受けていませ

ん。更正の通知書にも、重加算税対象としか記載されていません。

　従業員が勝手に架空外注費を計上して、資金を捻出し、取引先に謝礼として渡していたのですから、仮装の事実があったことは認めます。重加算税対象であることには納得しています。

　でも、脱税の意思はないし、「偽りその他不正の行為」などしていません。もし、そのような行為があったならば、調査官が指摘するはずです。更正文書にも「偽りその他不正の行為」に該当するなどと記載されていません。

**徴収官**：「延滞税の計算期間の特例規定の取扱いについて」という通達があって、重加算税対象であれば、延滞税の除算期間は認められていません。

**納税者**：法律と通達とどちらが優先するのですか？

**徴収官**：もちろん法律です。

**納税者**：ですよね。今回の税務調査の否認事項で、事実の「隠ぺい・仮装」があったことは否定しませんが、「偽りその他不正の行為」などありませんでした。延滞税の除算期間を認めてください。

**徴収官**：……少々お待ちください、上司と代わります。

**統括官**：重加算税対象であれば、「偽りその他不正の行為」に該当しますので、ご理解ください。

**納税者**：え、そうなんですか。

　おっしゃる通りだとすれば、「隠ぺい・仮装」の事実

**IV　重加算税の概要と意義**

>　があれば、必ず「偽りその他不正の行為」に該当することになりますね。
>
>統括官：「……多分、そういうことでしょう……」
>納税者：多分？多分では納得できないですよ。
>　　　　国税庁がそのように解釈した事実がなければ、筋が通りません。確認したいので、国税庁の公式見解が、具体的にどこに書かれているのか教えてください。
>統括官：「……」

　この問答の最後で、統括官が答えられなかった点について、その回答を探し続けたが、見つけることはできませんでした。

　もし、「隠ぺい・仮装」の事実があれば、必ず「偽りその他不正の行為」に該当する、という国税庁の公式見解が存在していれば、その見解が国税通則法第61条に違反するかどうかを検討することになります。

　反対に、国税庁の公式見解が存在してなければ、法令解釈通達「延滞税の計算期間の特例規定の取扱いについて」は、国税通則法第61条の趣旨を無視して、安易に制定したものとの批判は免れません。なぜならば、税務調査により重加算税が課された場合、通達どおりの処理が行われれば、その非違事項に係る事実関係に「偽りその他不正の行為」がないにもかかわらず、延滞税の除算期間が認められなくなってしまうからです。

　大規模法人の税務調査で重加算税が賦課決定された場合、その多くは税金を免れる意図がなく、理由は後述しますが、「偽りその他

不正の行為」には該当しません。したがって、延滞税の除算期間は認められるべきなのです。税務署は長年にわたり、延滞税の計算期間の特例規定について、多くの事案で誤った処理を繰返してきたのではないか、国税庁は誰もそれを問題としてこなかったので黙認してきたのではないか、との疑念を拭い去ることができません。

　この事務運営指針が制定されたことから推察すると、国税庁は両者の関係を次の図のように理解していることになります。

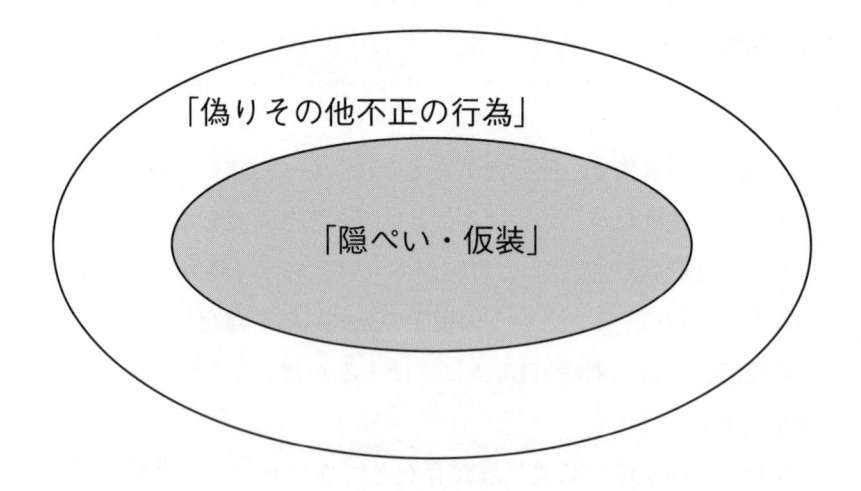

「偽りその他不正の行為」

「隠ぺい・仮装」

　しかし、国税庁の内部組織である国税不服審判所では、裁決に際して、「偽りその他不正の行為」を「隠ぺい・仮装」を別物として取り扱い、法令の条文から解釈しています。審判官が人事異動で税務署に転勤し調査官になれば、両者を峻別することなく、「隠ぺい・仮装」を論じているかもしれません。つまり、一人の国税職員が、所属する部署によって、異なる基準で「隠ぺい・仮装」を認定していることになります。このことは、税務調査での重加算税の賦課決定が、恣意的に行われていることを示唆しています。

そのような疑念を払拭するのは簡単なことです。国税庁が、「隠ぺい・仮装」と「偽りその他不正の行為」との関係を明らかにし、それを公表すればよいのです。

## 4　重加算税概念の混迷

重加算税を巡る論争の多くは、両者が重なる部分の論争でした。すなわち、「隠ぺい・仮装」だが「偽りその他不正の行為」ではない、あるいは、「偽りその他不正の行為」だが「隠ぺい・仮装」ではない、といった観点での争いが少なかったのです。そのため、両者は混同されてしまい、重加算税に脱税、不正といった「偽りその他不正の行為」のイメージが結びつき、重加算税の概念は混迷してしまった、と理解しています。

本書の重加算税に関する説明、判例、調査事例等を読みながら、次項の〔隠ぺい・仮装と偽りその他不正の行為の関係図〕を参照すれば、思考が容易に整理されます。また、この関係図（〔隠ぺい・仮装の3要素図〕P106）を理解できれば、調査官と戦う理論武装ができたことになります。

## 【隠ぺい・仮装と偽りその他不正の行為の関係図】

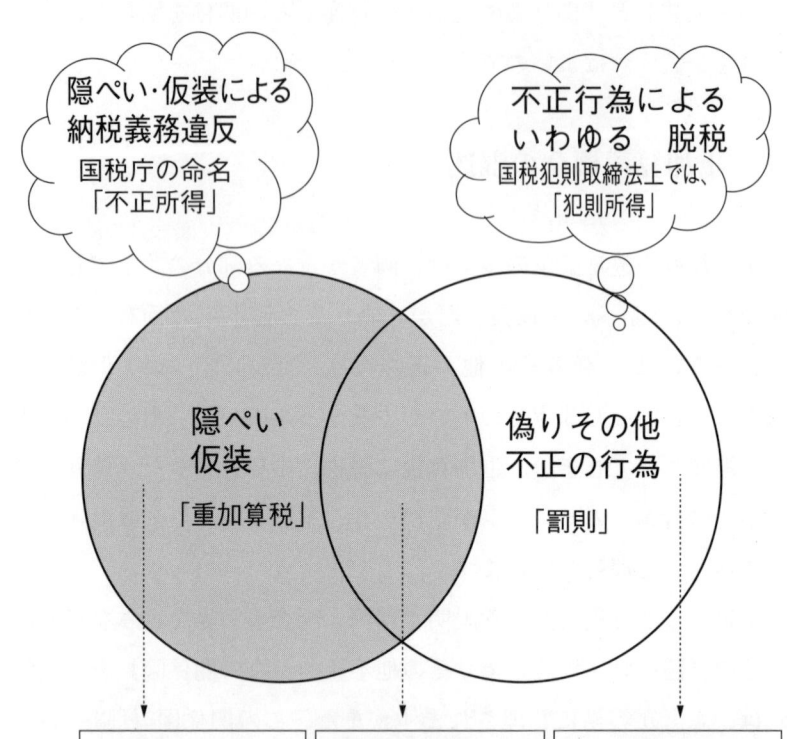

隠ぺい・仮装による
納税義務違反
国税庁の命名
「不正所得」

不正行為による
いわゆる　脱税
国税犯則取締法上では、
「犯則所得」

隠ぺい
仮装

「重加算税」

偽りその他
不正の行為

「罰則」

| 大規模法人に多い | 同族会社に多い | 多くの会社で行っている節税と紙一重の差の脱税 |
|---|---|---|
| 経理・税務部門と無関係な部署で行われる隠ぺい・仮装（脱税目的なし） | 世間一般あるいは税理士、調査官、学者がイメージする重加算税 | 意図的な利益調整をしているが隠ぺい・仮装がない |
| Ex.営業部門での成績管理に伴う販売実績の調整 P151【事例9】 | Ex.売上除外、架空経費に係る認定賞与 | Ex.売掛金の除外 P109【問答事例】 |
| 重加算税の賦課について、納税者・税理士が納得しないことが多い。 | 重加算税が賦課されても、反論できないので、トラブルになることは少ない。 | 重加算税の賦課について納税者・税理士が納得しても、国税内部の審理部門が難色を示すことが多い。 |

## Ⅳ 重加算税の概要と意義

注1 「不正所得」という用語は、国税庁の事務運営指針等で使われています。「隠ぺい・仮装」に基づく所得なのだから「隠ぺい・仮装所得」と命名する方が適切だったと思います。

注2 「犯則所得」は公式な用語ではなく、国税犯則取締法に基づく告発対象の所得を意味します。犯意がない「偽りその他不正の行為」に係る増差所得については、「不正所得」と命名すれば判り易かったと思います。

　国税庁が重加算税対象の所得を「不正所得」と命名したことにより、重加算税の概念が混乱してしまいました。次のように整理し直すことにより、重加算税を理解しやすくなります。

---

調査により増加する所得 ……「増差所得」
重加算税対象の所得 …………「隠ぺい・仮装所得」
罰則対象の所得 ………………「不正所得」
告発対象の所得 ………………「犯則所得」

---

## 5　附帯税の概要

　附帯税とは、国税のうち延滞税、利子税、過少申告加算税、無申告加算税、不納付加算税及び重加算税をいい、申告義務及び徴収義務が適正に履行されない場合に、本税の国税債権に付随して課される税金です。国税債権を期限内に申告納付した者と、期限内に申告しなかったあるいは納付しなかった者との間に、不公平がないよう課されます。

### (1) 延　滞　税

　納税者が納付するべき国税を法定納期限までに納付しないときに、

遅延利息に相当する延滞税が課されます。延滞税は本税に対してのみ課され、加算税の納付が納期限後となっても課されません。また、延滞税は、所得税法上必要経費に算入することはできず、法人税法上も損金に算入することはできません。

(2) 利 子 税

延納若しくは物納又は納税申告書の提出期限の延長に係る国税は、その延長された期間について利子税が課されます。納期限到来前の利息に相当するものであり、必要経費あるいは損金に算入されます。

(3) 過少申告加算税

期限内申告書が提出された場合において、修正申告書の提出又は更正があつたときは、当該納税者に対し、その修正申告又は更正に基づき、納付すべき税額の10％相当の過少申告加算税を課されます。その金額が期限内申告相当額又は50万円のいずれか多い金額を超える部分については、さらに5％加重されます。

ただし、正当な理由があると認められる場合、あるいは、調査等による更正があるべきことを予知せずに修正申告書が提出された場合は、過少申告加算税は課されません。

(4) 無申告加算税

申告期限までに申告書の提出がなく期限後申告書の提出があった場合、期限後申告書の提出が又は決定があった後に修正申告書の提出又は更正があった場合に、納付すべき税額の15％相当の無申告加算税が課されます。納付すべきが50万円を超える部分について

は、さらに5％加重されます。

　ただし、正当な理由があると認められる場合、あるいは、調査等による決定があるべきことを予知せずに提出された期限後申告書で、その申告書が法定納期限から2週間以内に提出され、かつ、その申告書に係る納付すべき税額の全部が法定納期限までに納付されている場合には、無申告加算税は賦課されません。また、調査による更正又は決定があるべきことを予知せずに期限後申告書（期限後に係る修正申告書を含む）が提出された場合は、納付すべき税額の5％相当の無申告加算税が賦課されます。

### (5)　不納付加算税

　源泉徴収による国税がその法定納期限までに完納されなかった場合に、源泉徴収義務者に対して、納税の告知に係る税額又はその法定納期限後に当該告知を受けることなく納付された税額に10％相当の不納付加算税が課されます。納税の告知を受けることなく法定納期限後に納付された場合、調査等により告知があることを予知してされたものでないときは、納付された税額の5％相当の不納付加算税が課されます。

　ただし、正当な理由があると認められる場合、あるいは、調査による納税の告知を予知して納付されたものでない法定納期限後に納付された源泉所得税に係る不納付加算税について、法定納期限から1月以内に納付される等一定の場合には、不納付加算税は課されません。

(6) 重加算税

後述します。(P 91)

〔附滞税の一覧表〕

| 附帯税 | 内容 | その他 | 税率 |
|---|---|---|---|
| 延滞税<br>(60条) | 法定納期限までに納付しなかった | 納期限の翌日から2カ月を経過する日までは年7.3%、又は公定歩合に年4%を加算した割合の少ない方 | 14.6% |
| 利子税<br>(64条) | 延納又は納期限の延長が認められている | 同上<br>相続税・贈与税は原則として年6.6% | 7.3% |
| 過少申告加算税<br>(65条) | 法定申告期限内に提出された申告書に記載された金額が過少だった | 自主申告 | 0% |
| | | 調査後(予知)の申告、更正 | 10% |
| | | 調査後の申告、更正で期限内申告税額と50万円分とのいずれか多い金額を超える場合のその超える部分の金額 | 15% |
| 無申告加算税<br>(66条) | 法定申告期限までに申告しなかった | 自主申告 | 5% |
| | | 調査後(予知)の申告、更正・決定<br>　納付税額50万円まで<br>　納付税額50万円超 | 15%<br>20% |
| 不納付加算税<br>(67条) | 源泉徴収又は特別徴収により納付すべき税額を、法定納期限までに納付しない場合 | 自主申告 | 5% |
| | | 調査後(予知)の納付 | 10% |
| 重加算税<br>(68条) | 過少・無申告、不納付加算税が課される場合で、仮装隠ぺいがある | 過少申告、不納付加算税に代えて課す場合 | 35% |
| | | 無申告加算税に代えて課す場合 | 40% |

Ⅳ 重加算税の概要と意義

## 6　重加算税の意義

　重加算税は刑事罰ではなく、国税通則法に定められている附帯税の一つであり、過少申告加算税、無申告加算税及び不納付加算税を課すべき納税義務違反が、事実の隠ぺい又は仮装という方法に基づいて行われた場合に、税額計算の基礎となる税額に 35％ 又は 40％ 相当額の重加算税が課せられます。

〔重加算税と他の加算税との関係〕

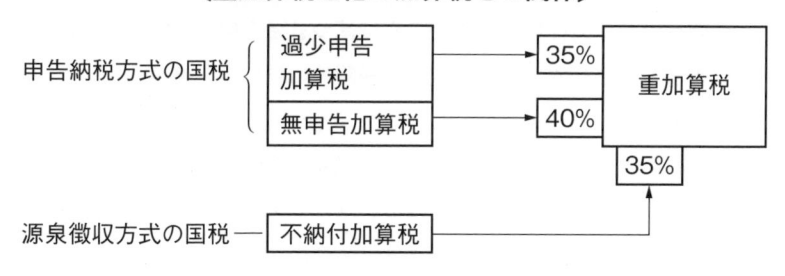

申告納税方式の国税 ┤ 過少申告加算税 → 35% → 重加算税
　　　　　　　　　 └ 無申告加算税 → 40% ↗
源泉徴収方式の国税 ── 不納付加算税 → 35% ↑

　国税通則法は、次のように規定しています。

◎　**国税通則法**

> （重加算税）
> **第68条**　第65条第1項（過少申告加算税）の規定に該当する場合（同条第5項の規定の適用がある場合を除く。）において、**納税者がその国税の課税標準等又は税額等の計算の基礎となるべき事実の全部又は一部を隠ぺいし、又は仮装し、その隠ぺいし、又は仮装したところに基づき納税申告書を提出していたときは**、当該納税者に対し、政令で定めるところにより、過少申告加算税の額の計算の基礎

となるべき税額（その税額の計算の基礎となるべき事実で隠ぺいし、又は仮装されていないものに基づくことが明らかであるものがあるときは、当該隠ぺいし、又は仮装されていない事実に基づく税額として政令で定めるところにより計算した金額を控除した税額）に係る**過少申告加算税に代え**、当該基礎となるべき税額に 100 分の 35 の割合を乗じて計算した金額に相当する重加算税を課する。

2　第 66 条第 1 項（無申告加算税）の規定に該当する場合（同項ただし書又は同条第 5 項若しくは第 6 項の規定の適用がある場合を除く。）において、**納税者がその国税の課税標準等又は税額等の計算の基礎となるべき事実の全部又は一部を隠ぺいし、又は仮装し、その隠ぺいし、又は仮装したところに基づき法定申告期限までに納税申告書を提出せず、又は法定申告期限後に納税申告書を提出していたときは**、当該納税者に対し、政令で定めるところにより、無申告加算税の額の計算の基礎となるべき税額（その税額の計算の基礎となるべき事実で隠ぺいし、又は仮装されていないものに基づくことが明らかであるものがあるときは、当該隠ぺいし、又は仮装されていない事実に基づく税額として政令で定めるところにより計算した金額を控除した税額）に係る**無申告加算税に代え**、当該基礎となるべき税額に 100 分の 40 の割合を乗じて計算した金額に相当する重加算税を課する。

3　前条第 1 項の規定に該当する場合（同項ただし書又は同条第 2 項若しくは第 3 項の規定の適用がある場合を除く。）において、**納税者が事実の全部又は一部を隠ぺいし、又は仮装し、その隠ぺいし、又は仮装したところに基づきその国税をその法定納期限までに納付しなかつたときは**、税務署長は、当該納税者から、不納付加算税の額の計算の基礎となるべき税額（その税額の計算の基礎となるべき事実で隠ぺいし、又は仮装されていないものに基づくことが明らか

## Ⅳ 重加算税の概要と意義

であるものがあるときは、当該隠ぺいし、又は仮装されていない事実に基づく税額として政令で定めるところにより計算した金額を控除した税額)に係る**不納付加算税に代え**、当該基礎となるべき税額に100分の35の割合を乗じて計算した金額に相当する重加算税を徴収する。

4　第1項又は第2項の規定は、消費税等(消費税を除く。)については、適用しない。

重加算税の意義について、最高裁判所は、次のように判示しています。

> ★最高裁　昭和45年9月11日判決
> ### 所得税法違反事件
> 国税通則法68条に規定する重加算税は、同法65条ないし67条に規定する各種の加算税を課すべき納税義務違反が課税要件事実を隠ぺいし、または仮装する方法によつて行なわれた場合に、行政機関の行政手続により違反者に課せられるもので、これによつてかかる方法による**納税義務違反の発生を防止**し、もつて徴税の実を挙げようとする趣旨に出た**行政上の措置**であり、**違反者の不正行為の反社会性**ないし**反道徳性に着目してこれに対する制裁として科せられる刑罰**とは趣旨、**性質を異にする**ものと解すべきであつて、それゆえ、同一の租税逋脱行為について重加算税のほかに刑罰を科しても憲法39条に違反するものでない。

また、次のようにも判示しています。

> ★最高裁　昭和62年5月8日
> 所得税更正処分等取消事件
>
> 　重加算税を課し得るためには、納税者が故意に課税標準等又は税額等の計算の基礎となる事実の全部又は一部を隠ぺいし、又は仮装し、その隠ぺい、仮装行為を原因として過少申告の結果が発生したものであれば足り、それ以上に、申告に際し、納税者において過少申告を行うことの認識を有していることまでを必要とするものではないと解するのが相当である。

　この判例で注目するべき点は、「違反者の不正行為の反社会性ないし反道徳性に着目してこれに対する制裁として科せられる刑罰とは趣旨、性質を異にする」と述べていることです。重加算税制度は、反社会性や道徳性とは別の次元の制度ということになります。

　世間一般やメディアだけではなく、調査官、税理士からも、重加算税は悪質な脱税行為をした場合に賦課されるものと認識されていますが、それは誤解です。「偽りその他不正の行為」が、悪質な脱税行為なのです。

　申告納税制度を維持するためには、税務調査は必須ですが、納税者の帳簿や証憑、事実関係に仮装・隠ぺいがあれば、税務調査に支障を及ぼします。それを放置すれば申告納税制度は機能しなくなるので、重加算税という重い制裁が課されることになります。したがって、脱税の意思は問題にされず、税務調査に支障のある行為となる、事実の隠ぺい・仮装が重加算税賦課の要件となります。

　世間一般だけではなく、調査官、税理士からも、重加算税は悪質な脱税行為をした場合に賦課されるものと認識されていますが、そ

れは誤解です。「偽りその他不正の行為」が、悪質な脱税行為なのです。

八ツ尾純一近畿大学教授の著書「事例から見る重加算税の研究」第4版のP242で次のような記載があります。

> 日本を代表するような大企業が、税務調査においてこれほどまでに重加算税を課されていること自体が驚きである。社会的な責任のある上場会社であれば、隠ぺい・仮装という悪質な所得隠しをそれほど行う必要はないのではないかと思われる……以下略

これに異を唱える人はほとんどいないでしょう。国税庁も、重加算税に係る所得を「不正所得」と命名していることから、対外的には同じ認識かもしれません。

しかし、最高裁の判決文からは、重加算税にこのようなイメージをもたせることはできません。大企業の調査を経験した者であれば、重加算税の可否判定の多くが、いかにぎりぎりの交渉によって決定されるのかを知っています。ぎりぎりの交渉とは、調査官と税理士との交渉だけでなく、調査官と国税内部の審理担当者とのシビアな交渉もあります。調査官が重加算税対象と主張しても、審理担当者がそれを認めないことも多々あります。調査官は、納税者も税理士も重加算税を賦課されることを納得しているのだから、それを認めるよう審理担当者を説得します。

このことは、税理士の重加算税に対する理解不足が、関与先納税者の利益を損ねていることを意味します。重加算税対象とする否認事項の多くは、「悪質な所得隠し」といった類のものではなく、調査官が隠ぺい・仮装を示す書類等を探し出し、それをどのように評

価するのか、というテクニカルな争いのものです。重加算税が賦課されるか否か、紙一重の差でしかありません。そうだからこそ、重加算税賦課の取消の訴訟が提議され、勝ったり負けたりするのです。
(【隠ぺい・仮装と偽りその他不正の行為の関係図】参照、P 86)

## 7　隠ぺい・仮装の意義

　重加算税の要件は、事実の隠ぺいまたは仮装ですが、その具体的な内容について、判例等を通して整理します。
　なお、国語辞典で調べると、隠ぺいとは、事の真相などを故意に覆い隠すことであり、仮装とは、事の真相を覆い隠すこと、説明されています。

(1)　**隠ぺい又は仮装行為の要件**
　　イ　**事実の隠ぺい・仮装があること**

▼裁決事例集　No. 54-94頁　平成9年12月9日裁決

　国税通則法第68条第1項の規定によれば、重加算税の賦課決定処分については、納税者が国税の課税標準又は税額等の計算の基礎となるべき事実の全部又は一部を隠ぺい又は仮装し、その隠ぺい又は仮装したところに基づき納税申告書を提出したことが要件となっている。これは、重加算税の賦課要件を充足するためには、過少申告行為とは別に**隠ぺい又は仮装と評価すべき行為の存在**を必要としているものであると解される。
　原処分庁の主張は、請求人が**意識的な過少申告**を行ったものである

> というにすぎず、**隠ぺい又は仮装であると評価すべき行為**の存在について何らの主張・立証をしておらず、また、当審判所の調査その他本件に関する全資料をもってしても、本件貸付金について隠ぺい又は仮装の事実を認めることはできない。

　納税者が意識的な過少申告を行ったとしても、隠ぺい又は仮装と評価すべき事実が認められなければ、重加算税対象とはなりません。重加算税に対する世間一般の認識である「悪質な脱税」とはニュアンスが異なることにご留意ください。

ロ　**事実の隠ぺい・仮装が故意に行われたこと**

　隠ぺい・仮装の言葉には、本来、故意という意味合いが含まれています。しかし、重加算税を検討するうえでは重要な要素であり、あえて、独立の要件としました。

　調査官から隠ぺい・仮装を示す証憑を提示されたとき、その証憑に故意性があるのか、検討する必要があります。

　交際費について考えてみます。

　法人の支出する交際費等の損金不算入制度について、交際費等の範囲から、1人当たり5,000円以下の一定の飲食費が、除外されています（ただし、所定の書類の保存要件が付されている）。たとえば、飲食代として支払った会議費3万円について、実際の参加者が4名であれば、1人当たり7,000円となり、交際費課税されることになります。法人が参加人数を7名とメモして保存していた場合は、1人当たりの飲食費が5,000円以下となり、交際費課税の対象外となります。しかし、税務調査により参加者人数が虚偽であることが発覚し

た場合、仮装の事実が認められることから、重加算税対象として、交際費課税の対象となります。

しかし、もしそのメモが故意ではなく何らかのミスで書かれたものならば、仮装なし、という判断もありえます。ただし、ミスだということを、調査官を説得するだけの根拠を示すことは簡単なことではないが、それをきちんと説明し、調査官を納得させることが税理士の仕事となります。

### ハ　過少申告の認識は不要

納税者あるいは税理士は、「売上除外や架空経費を計上して脱税したわけでもなく、単なる期間損益の問題なのに、重加算税とはけしからん。」と主張することがあります。しかし、それは考え違いであり、重加算税は、脱税とは別の観点（申告納税制度の維持）で賦課されます。

大規模法人が重加算税を賦課された場合、その原因となった隠ぺい・仮装行為の多くは、過少申告を行うことの認識を有しないで行われています。

営業担当者が自己の成績を調整するための売上の繰延べ、予算制を採用している会社の予算消化のための経費の繰上計上、現業部門で行われる談合資金の捻出等は、過少申告の認識がないままに行われた「隠ぺい・仮装行為」ですが、重加算税対象となります。

### ニ　上記イ、ロ、ハにかからず、個別に総合勘案する

隠ぺい・仮装の具体的な行為がなくても、個別に総合勘案して、重加算税の賦課要件を満たすと判断される場合があります。次の最高裁判決が参考となります。

> ★最高裁　平成7年4月28日判決
> 　　　　所得税の重加算税賦課決定処分取消
> 　納税者が、3箇年にわたり、株式等の売買による多額の雑所得を申告すべきことを熟知しながら、確定的な脱税の意思に基づき、顧問税理士の質問に対して右所得のあることを否定し、同税理士に過少な申告を記載した確定申告書を作成させてこれを提出したなど判示の事実関係の下においては、**架空名義の利用や資料の隠匿等の積極的な行為が存在しない**としても、右各確定申告は、国税通則法68条1項所定の重加算税の賦課要件を満たす。

ただし、この事例は査察調査による例外的なものであり、通常の調査における重加算税の可否判定は、上記イ、ロ、ハで行うべきと解されます。

## (2)　国税庁事務運営指針

国税庁の重加算税の取扱いについての事務運営指針は、重加算税の可否判定の判断基準になります。納税者は拘束されませんが、調査官はこれに反する重加算税の賦課決定ができません。したがって、調査官から重加算税対象と指摘されたときは、その指摘のどこに隠ぺい・仮装の事実があるのか、を事務運営指針に照らして検討することが重要になります。

重加算税の賦課に関する取扱基準を定めた事務運営指針は、平成12年7月（連結法人税については平成16年3月）に税目ごとに発遣・公開されました。

・申告所得税の重加算税の取扱いについて（全文掲載、P 123）

・源泉所得税の重加算税の取扱いについて

・相続税及び贈与税の重加算税の取扱いについて

・法人税の重加算税の取扱いについて

・消費税及び地方消費税の更正等及び加算税の取扱いについて

・連結法人税の重加算税の取扱いについて（全文掲載、下記）

　次に、「法人税の重加算税の取扱いについて（事務運営指針）」の全文を掲載します。

　また、事務運営指針では「不正事実」という用語を多用していますが、私は誤解を生む言い回しだと考えます。「隠ぺい・仮装事実」としたほうが適切でした。

---

### 法人税の重加算税の取扱いについて
### （事務運営指針）

平成 23 年 6 月 30 日

記

#### 第1　賦課基準

**（隠ぺい又は仮装に該当する場合）**

1　通則法第68条第1項又は第2項に規定する「国税の課税標準等又は税額等の計算の基礎となるべき事実の全部又は一部を隠ぺいし、又は仮装し」とは、例えば、次に掲げるような事実（以下「**不正事実**」という。）がある場合をいう。

(1)　いわゆる**二重帳簿**を作成していること。

(2)　次に掲げる事実（以下「帳簿書類の**隠匿、虚偽記載**等」という。）があること。

　①　帳簿、原始記録、**証ひょう書類**、貸借対照表、損益計算書、勘定科目内訳明細書、棚卸表その他決算に関係のある書類（以下「**帳簿書類**」という。）を、**破棄**又は**隠匿**していること

# Ⅳ 重加算税の概要と意義

② 帳簿書類の**改ざん**（偽造及び変造を含む。以下同じ。）、帳簿書類への**虚偽記載**、相手方との**通謀**による**虚偽**の証ひょう書類の作成、帳簿書類の**意図的な集計違算**その他の方法により**仮装の経理**を行っていること

③ 帳簿書類の作成又は帳簿書類への記録をせず、売上げその他の収入（営業外の収入を含む。）の**脱ろう**又は棚卸資産の**除外**をしていること

(3) 特定の損金算入又は税額控除の要件とされる証明書その他の書類を**改ざん**し、又は**虚偽**の申請に基づき当該書類の交付を受けていること。

(4) **簿外資産**（確定した決算の基礎となった帳簿の資産勘定に計上されていない資産をいう。）に係る利息収入、賃貸料収入等の果実を計上していないこと。

(5) **簿外資金**（確定した決算の基礎となった帳簿に計上していない収入金又は当該帳簿に費用を過大若しくは**架空**に計上することにより当該帳簿から除外した資金をいう。）をもって役員賞与その他の費用を支出していること。

(6) 同族会社であるにもかかわらず、その判定の基礎となる株主等の所有株式等を**架空**の者又は単なる**名義人**に分割する等により非同族会社としていること。

**（使途不明金及び使途秘匿金の取扱い）**

2 使途不明の支出金に係る否認金につき、次のいずれかの事実がある場合には、当該事実は、**不正事実**に該当することに留意する。？なお、当該事実により使途秘匿金課税を行う場合の当該使途秘匿金に係る税額に対しても重加算税を課すことに留意する。

(1) 帳簿書類の**破棄**、**隠匿**、**改ざん**等があること。

(2) 取引の慣行、取引の形態等から勘案して通常その支出金の属する勘定科目として計上すべき勘定科目に計上されていないこと。

**(帳簿書類の隠匿、虚偽記載等に該当しない場合)**
3 次に掲げる場合で、当該行為が相手方との**通謀**又は**証ひょう書類**等の**破棄**、**隠匿**若しくは**改ざん**によるもの等でないときは、帳簿書類の隠匿、**虚偽記載**等に該当しない。
(1) 売上げ等の収入の計上を繰り延べている場合において、その売上げ等の収入が翌事業年度（その事業年度が連結事業年度に該当する場合には、翌連結事業年度。(2)において同じ。）の収益に計上されていることが確認されたとき。
(2) 経費（原価に算入される費用を含む。）の繰上計上をしている場合において、その経費がその翌事業年度に支出されたことが確認されたとき。
(3) 棚卸資産の評価換えにより過少評価をしている場合。
(4) 確定した決算の基礎となった帳簿に、交際費等又は寄附金のように損金算入について制限のある費用を単に他の費用科目に計上している場合。

**(不正に繰戻し還付を受けた場合の取扱い)**
4 法人が法人税法第80条の規定により欠損金額につき繰戻し還付を受けた場合において、当該欠損金額の計算の基礎となった事実のうちに**不正事実**に該当するものがあるときは、重加算税を課すことになる。

**(隠ぺい仮装に基づく欠損金額の繰越しに係る重加算税の課税年度)**
5 前事業年度以前の事業年度において、**不正事実**に基づき欠損金額

IV 重加算税の概要と意義

を過大に申告し、その過大な欠損金額を基礎として欠損金額の繰越控除をしていた場合において、その繰越控除額を否認したときは、その繰越控除をした事業年度について重加算税を課すことになる。

　なお、欠損金額の生じた事業年度は正しい申告であったが、繰越欠損金額を控除した事業年度に**不正事実**に基づく過少な申告があり、その後の事業年度に繰り越す欠損金額が過大となっている場合に、当該その後の事業年度において過大な繰越欠損金額を基礎として繰越控除をしているときも同様とする。

(注)　繰越控除をした欠損金額のうちに法人税法第57条第5項の規定により欠損金額とみなされた連結欠損金個別帰属額がある場合において、その欠損金額とみなされた金額が不正事実に基づき過大に繰り越されているときについては、本文の取扱いを準用する。

**(隠ぺい仮装に基づく最後事業年度の欠損金相当額の損金算入に係る重加算税の課税年度)**

6　法人税法施行令第112条第10項の規定を適用するに当たり、同項に規定する被合併法人となる連結法人又は残余財産が確定した連結法人がそれぞれ同項に規定する合併の日の前日又は残余財産の確定の日の属する事業年度において欠損金額を**不正事実**に基づき過大に申告し、その過大な欠損金額を同項に規定する連結子法人である内国法人の最後事業年度の損金の額に算入していた場合において、その損金算入額を否認したときは、その損金算入をした最後事業年度(所得金額が生じるものに限る。)について重加算税を課すことになる。

## 第2　重加算税の計算

**(重加対象税額の計算の基本原則)**

1　重加算税の計算の基礎となる税額は、通則法第68条及び国税通則法施行令第28条の規定により、その基因となった更正、決定、修正申告又は期限後申告（以下「更正等」という。）があった後の税額から隠ぺい又は仮装をされていない事実だけに基づいて計算した税額を控除して計算するのであるが、この場合、その隠ぺい又は仮装をされていない事実だけに基づいて計算した税額の基礎となる所得金額は、その更正等のあった後の所得金額から**不正事実**に基づく所得金額（以下「重加対象所得」という。）を控除した金額を基に計算する。

**(重加対象所得の計算)**

2　第2の1の場合において、重加対象所得の計算については、次による。

(1)　**不正事実**に基づく費用の支出等を認容する場合には、当該支出等が不正事実に基づく益金等の額（益金の額又は損金不算入額として所得金額に加算するものをいう。以下同じ。）との間に関連性を有するものであるときに限り、当該支出等の金額は**不正事実**に基づく益金等の額の減算項目とする。

(2)　交際費等又は寄附金のうちに**不正事実**に基づく支出金から成るものとその他の支出金から成るものとがあり、かつ、その交際費等又は寄附金のうちに損金不算入額がある場合において、当該損金不算入額のうち重加算税の対象となる金額は、その損金不算入額から**不正事実**に基づく支出がないものとして計算した場合に計算される損金不算入額を控除した金額とする。

(3)　過大に繰越控除をした欠損金額のうちに、**不正事実**に基づく過大

Ⅳ 重加算税の概要と意義

控除部分と**不正事実**以外の事実に基づく過大控除部分とがある場合には、過大に繰越控除をした欠損金額は、まず**不正事実**に基づく過大控除部分の欠損金額から成るものとする。

**(不正に繰戻し還付を受けた場合の重加対象税額の計算)**
3　第1の4に該当する場合において、当該欠損金額のうちに**不正事実**に基づく部分と**不正事実**以外の事実に基づく部分とがあるときは、重加算税の計算の基礎となる税額は、次の算式により計算した金額による。

$$\text{法人税法第80条の規定により還付した金額} \times \frac{\text{不正事実に基づく欠損金額}}{\text{繰戻しをした欠損金額}}$$

**(重加算税を課す留保金額の計算等)**
4　特定同族会社が重加対象所得から留保した部分の金額（以下「留保金額」という。）に対して課される法人税法第67条第1項《特定同族会社の特別税率》の規定による法人税額については、重加算税を課すことになる。この場合、その課税の対象となる留保金額は、更正等の後の留保金額から重加算税を課さない部分の留保金額を控除して計算するものとし、その重加算税を課さない部分の留保金額の計算については、その計算上控除すべき同法第67条第3項の法人税額並びに道府県民税及び市町村民税の額は、その**不正事実**以外の事実に基づく所得金額について計算した金額による。

## 二　重加算税の可否判定のまとめ

事実関係を次の3つの要素に分解すると、重加算税の可否判定が容易になります。

105

① 事実の隠ぺい・仮装
② 隠ぺい・仮装の故意性
③ 過少申告の認識

なお、「隠ぺい・仮装」という文言には故意の要素が含まれていますが、あえて、「隠ぺい・仮装の故意」を1つの要素として独立させました。

3要素を、重加算税に関する条文、判例、事務運営指針に当てはめて考察すると、調査により否認事項が重加算税対象となるのは、①事実の隠ぺい・仮装があり、かつ、②それが故意に基づくものであることだが、③過少申告の意思は問わない、ということになります。

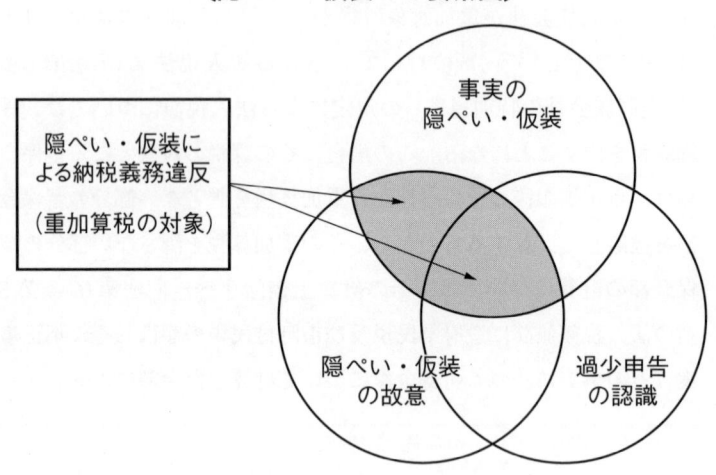

〔隠ぺい・仮装の3要素図〕

隠ぺい・仮装による納税義務違反
（重加算税の対象）

事実の隠ぺい・仮装

隠ぺい・仮装の故意

過少申告の認識

ただし、査察事案に関する判例などでは、重加算税の賦課を容認する理由として、納税者の脱税の意思を強調する場合があります。実務では、納税者、税理士、調査官とも、重加算税の要素の中で

# Ⅳ 重加算税の概要と意義

「過少申告の認識」に重きを置いているように見受けられます。過少申告の認識を強調すれば、納税者の行為を道徳の問題として捉える事になります。

利益調整を図った納税者は重加算税を賦課されても仕方ないと思い、その相談に乗った税理士は、後ろめたいところがあるのか、早く調査を終わらせようとし、調査官は悪者を懲らしめたと正義感が満たされ、その上司は納税者も反省していることだしトラブルにならないだろうと安堵します。

しかし、先にみたように国税通則法68条（P 69）では、「事実の全部又は一部を隠ぺいし、又は仮装し」と定めているのであって、過少申告の認識は重加算税賦課の要件ではありません。税理士としては、隠ぺいの事実がどこにあるのか、仮装を示す証憑はあるのか、冷静に検討して対処しなくてはなりません。

前頁の3つの円（事実の隠ぺい・仮装、隠ぺい・仮装の故意性、過少申告の認識）の図をマトリックス図で表わせば、次頁のようになります。

〔重加算税の可否判定マトリックス図〕
① 国税通則法及び判例による重加算税賦課の可否

|  |  |  |  | 事実の隠ぺい・仮装 ||
|---|---|---|---|---|---|
|  |  |  |  | 有 | 無 |
| 故意性 | 有 | 過少申告の認識 | 有 | ○ | ×(△) |
|  |  |  | 無 | ○ | × |
|  | 無 | 過少申告の認識 | 有 | ×(△) | ×(△) |
|  |  |  | 無 | × | × |

○：重加算税　（△）：諸般の事情を考慮して例外的に重加算税
×：重加算税不可

　しかし、実際の調査に立ち会う税理士の感覚では、次のマトリックス図のとおりではないでしょうか。

② 実務における重加算税賦課の可否

|  |  |  |  | 事実の隠ぺい・仮装 ||
|---|---|---|---|---|---|
|  |  |  |  | 有 | 無 |
| 故意性 | 有 | 過少申告の認識 | 有 | △1 | △2 |
|  |  |  | 無 | △1 | △2 |
|  | 無 | 過少申告の認識 | 有 | △2 | △2 |
|  |  |  | 無 | △2 | △2 |

△1：故意による隠ぺい・仮装があっても、調査官が重加算税を賦課するための時間と労力を費やさなければ、重加算税対象とはなりません。
△2：故意による隠ぺい・仮装がなくても、納税者に脱税の認識があることから、重加算税対象となった事例（査察事案P99）があります。（最高裁判決（平成7年4月28日））。また、納税者が重加算税を賦課されることに異議がなければ、申立書等を提出させ、重加算税対象として処理するケースもあります。

Ⅳ 重加算税の概要と意義

　マトリックス図①とマトリックス図②とが異なってしまう原因は調査官も税理士も「隠ぺい・仮装」と「偽りその他不正の行為」の概念を理解してないことにあります。

　重加算税対象であると指摘されたとき、その事実関係とマトリックス図①及びマトリックス図②を照し合せれば、その指摘が概ね妥当なのか概ね不当なのか、視覚的に確認できます。重加算税に係る事例検討（P134以下）では、常にこのマトリックス図を参照し、習熟すれば、実際の税務調査にも応用できると思います。ただし、調査官は「隠ぺい・仮装」について必ずしも深く学んでないので、忍耐強く理屈を戦わせるしかありません。

　実務では、事実の隠ぺい・仮装がないのに、重加算税を賦課されてしまうことがあります。なかなか理解できないかもしれません。理解を深めるために、事例により検討してみました。

【問答事例】　売掛金除外

　調査法人は、貿易業を営み、資本金10億円、3月決算、経理はきちんと行われ、調査にも協力的でした。

**調査官**：3月の売上請求書及び納品書と売上帳をつけ合せしたのですが、1億円ほど計上されていませんが、どうしたのですか？

**経理部長**：うっかりしていいました。翌事業年度の4月の売上帳には計上されています。

**調査官**：うっかりで、1億円の計上がもれるものですか？

**経理部長**：……

社　長：実は、今期は業績が好調で、所得が大きく増加してしまいました。私が経理部長に、1億円ほど所得を減らすように指示しました。

調査官：故意に利益調整をしたのですね。

社　長：はい、その通りです。申し訳ありませんでした。

調査官：売上を除外した事実関係について、聴取書を作成しました。署名押印をお願いします。

社　長：はい、判りました。・・・（署名押印する）

調査官：意図的に所得を隠したのですから、重加算税対象となります。

社　長：調査に一生懸命協力していますし、売上を繰り延べただけです。個人的に蓄財したわけもないので、重加算税だけは勘弁してください。

調査官：脱税したのだから、仕方ありません。

社　長：売上は翌期に計上していますし、私腹を肥やしたわけではないので、その辺を考慮してください。

調査官：1億円も利益調整しているのです。悪質な脱税です。先生からも社長に説明してください。

税理士：ところで、〇〇調査官、「事実」の隠ぺい・仮装はどこにありますか？

調査官：「所得」を隠しているのだから、隠ぺいです。

税理士：国税通則法68条では、「事実の全部又は一部を隠ぺいし、又は仮装し、」と規定されています。「所得」は「事実」ではありません。事実の隠ぺい・仮装を示し

**Ⅳ　重加算税の概要と意義**

　てもらわない限り、重加算税の賦課を認めることはできません。

　請求書・納品書や帳簿、取引の流れの中で生ずる書類等で、具体的に、何を隠ぺいし仮装したのか、示してください。

　調査法人は、全てオープンに包み隠さず、ありのままに資料を提出しています。何をもって重加算税対象と主張するのですか。

**調査官**：社長が利益調整のために売上を除外したと認めていますし、聴取書にも署名してその事実関係を認めています。

**税理士**：「聴取書」と、「事実」の仮装・隠ぺいとは、関係ないと思いますが。

**調査官**：いいえ、「聴取書」は隠ぺい・仮装の証拠となります。

**税理士**：国税通則法68条では、『**納税者がその国税の課税標準等又は税額等の計算の基礎となるべき事実の全部又は一部を隠ぺいし、又は仮装し、その隠ぺいし、又は仮装したところに基づき納税申告書を提出していたときは、……税額に100分の35の割合……重加算税を課する。**』と規定しています。

　『〜に基づき納税申告書を提出したときは』はどのように解釈するのですか。

**調査官**：……

111

えーっと、重加算税を課すためには、納税申告書を提出する前に、隠ぺい・仮装の事実が必要ということ、かな。

**税理士**：調査法人は、「何を」隠ぺいし、仮装したところに基づき、納税申告書を提出したのですか。

**調査官**：いや、利益調整のために1億円もの「売掛金」を隠ぺいしたのですから、それは不正行為に当たります。

**税理士**：話が噛み合いませんね。たとえ不正行為があったとしても、事実の隠ぺい・仮装がないのだから、重加算税対象とはならないと思うのですが。

ところで、○○調査官、国税庁の事務運営指針「法人税の重加算税の取扱いについて」を読んだことありますか。

**調査官**：あります。

**税理士**：その中に、「帳簿書類の隠匿、虚偽記載等に該当しない場合」という項目があり、次の通り規定しています。

『3 次に掲げる場合で、当該行為が相手方との通謀又は証ひょう書類等の破棄、隠匿若しくは改ざんによるもの等でないときは、帳簿書類の隠匿、虚偽記載等に該当しない。

(1) 売上げ等の収入の計上を繰り延べている場合において、その売上げ等の収入が翌事業年度の収益に計上されていることが確認されたとき。』

**Ⅳ　重加算税の概要と意義**

>　　○○調査官、相手方との通謀又は証ひょう書類等の破棄、隠匿若しくは改ざんの事実はどこにあるのですか。
>
> **調査官**：……
> **税理士**：そんな事実はどこにもないのですから、重加算税の対象とはなりませんよ。

この問答でのポイントは次のとおりです。
①　脱税の意思（故意の利益調整）は、重加算税の可否判断に影響を及ぼすか。
②　申述書は、重加算税の可否判断に影響を及ぼすか。
③　「偽りその他不正の行為」は、「隠ぺい・仮装」を含むのか。
④　事務運営指針「法人税の重加算税の取扱いについて」の読み方。

私の結論は、次のとおりですが、その理由は、本書を通読していただければ理解できると思います。
①　脱税の意思は重加算税の可否判定に、原則として、影響を及ぼさない。
②　申述書は、重加算税の可否判断に直接的には影響を及ぼさない。
③　「隠ぺい・仮装」は、必ずしも「偽りその他不正の行為」に含まれない。
④　事務運営指針3(1)の文理解釈で、事実の隠ぺい・仮装に該当しない。

恐らく、このような事例で重加算税を賦課決定されてしまった調査事案は、数多くあると思われます。なぜなら、調査官、納税者及び税理士とも、1億円の売上計上を意図的にもらすという行為は、脱税であり、重加算税の対象になる、と思い込んでいるからです。その思い込みは世間一般の常識でもあるため、何の争いもなく、調査の現場で完結してしまうことが多いのです。繰返しますが、この事例における売上計上もれは、脱税（偽りその他不正の行為）であるかもしれませんが、重加算税対象ではありません。

　もちろん、税務署部内での審理あるいは決裁で、重加算税を賦課したいという調査官の結論が覆ることもあります。しかし、覆らないことも多々あると思われます。税理士は、冷静に、「隠ぺい・仮装」の事実はどこにあるのですか、と問い続けることによって、納税者の利益を守るべきなのです。

### (3) 隠ぺい又は仮装行為の主体

　国税通則法第68条では、隠ぺい仮装行為の主体を「納税者が」と規定しているので、文理解釈では、納税者以外の者は、隠ぺい・仮装行為の主体とはなりません。しかし、通説・判例は、納税者の家族等のほか、会社の取締役や従業員等のした隠ぺい又は仮装の行為は、会社代表者の行為と同視するのが相当であるとするなど、納税者本人に限定していません。

#### ① 損害賠償請求権の計上時期の検討

　隠ぺい・仮装行為で多いのは、役員等による横領などの不法行為です。会社の取締役や従業員等が不法行為を行った場合の損害賠償

## Ⅳ 重加算税の概要と意義

請求権の計上時期については、3つの説があります。

(ⅰ) **損失確定説**

損害賠償請求権の行使により実際の損失額が確定した時点で損金に算入します。

(ⅱ) **同時両建説**

民法724条上では、不法行為による損害賠償請求権は、その損害の発生と同時に発生すると解されています。法人税法上も、損失と請求権は同一の事業年度に損金及び益金に算入します。

(ⅲ) **異時両建説**

損害賠償請求権は回収が困難なことが多く、収益として確定したものではないので、相手との合意等により請求額が決定した時点で益金算入します。

調査事例で具体的に検討します。

**【事例】横領による売上除外**

税務調査で売上代金100万円を横領されたことが発覚し、売上除外と認定されました。増差所得は発生しますか。

(ⅰ) **損失確定説**

売上除外の時点では、その損害に係る損失も損害賠償請求権に係る収益も計上せず、その支払いを受けることが確定した時点で両者を同時に計上します。

売上除外 100　　　　　　　　→　　　　増差所得 100万円

(ⅱ) **同時両建説**（役員、従業員等による不法行為の場合）

売上除外の時点で、その損害に係る損失を計上すると同時に損害

賠償請求権に係る収益を計上します。

> 売上除外 100＋雑損失△100＋損害賠償 100→増差所得 100 万円

(iii) **異時両建説**(役員、従業員等以外の人による不法行為の場合)

売上除外の時点で損失を計上し、損害賠償請求権に係る収益については、その支払いを受けることが確定した時点で計上します。

> 売上除外 100 ＋ 雑損失△100　　　　→　　　増差所得　0 円

次の法人税基本通達は、異時両建設と解されています。

**法人税基本通達（要約）**

> （損害賠償金等の帰属の時期）
> 2-1-43　他の者から支払を受ける損害賠償金（……）の額は、その支払を受けるべきことが確定した日の属する事業年度の益金の額に算入するのであるが、法人がその損害賠償金の額について実際に支払を受けた日の属する事業年度の益金の額に算入している場合には、これを認める。

「他の者から」と規定されていることから、役員又は使用人に対する損害賠償請求権については、本通達は適用されません。

② 税理士の隠ぺい・仮装行為の検討

税理士の行為の責任は納税者が負うとした事例があります。

## Ⅳ 重加算税の概要と意義

▼ 裁決事例集　No.42-13頁　平成3年7月25日裁決
　税理士が、請求人に代わって行った税務申告等の行為は、納税義務者である請求人が行ったと同様に扱われるべきであるから、これに付随する重加算税の責任も、請求人が本件確定申告について不適正であることを認識していたか否かにかかわらず、当然請求人が負うと解すべきである。

　通説は、隠ぺい・仮装行為について、納税者本人と税理士との間で意思の連絡があれば、納税者本人への重加算税を賦課することができると解しています。
　次の判例は、税務職員の共謀加担という極めて特殊な事情があった、いわゆる「松尾税理士事件（P238）」に関する最高裁判決の1つです。納税者本人の責めに帰することのできない事由がある場合には、重加算税対象とはならないと判示しています。

★ 最高裁　平成18年4月25判決
　　　　所得税更正処分等取消事件（松尾税理士事件）
　納税申告手続を委任された税理士が**納税者に無断で隠ぺい、仮装行為をして過少申告をした**場合において、納税者が同税理士を信頼して適正な申告を依頼し、納税資金を交付したにもかかわらず、同税理士が上記行為をして納税資金を着服したものであり、納税者において同税理士が隠ぺい、仮装行為を行うことを容易に予測し得たということはできず、上記申告後も同税理士による上記行為を認識した事実もなく、容易に認識し得たともいえないという事情の下では、納税者に、税務相談で教示された税額よりも相当低い税額で済むとの同税理士の言葉を安易に信じ、確定申告書の確認をしなかったなどの落ち度があ

> るとしても、同税理士の上記行為を納税者本人の行為と同視すること
> はできず、国税通則法 68 条 1 項所定の重加算税賦課の要件を満たす
> ものということはできない。

③　役員の隠ぺい・仮装行為の検討

役員の行為は、一般的に、納税者本人の行為として取り扱われています。

専務取締役の行為は、法人の行為とした裁決事例があります。

> ▼　裁決事例集　No. 46-15 頁　平成 5 年 10 月 12 日裁決
>
> 　請求人は、売上金の一部除外、個人名義預金等への留保は、専ら**専務取締役個人の背任行為**であって、請求人の代表者は、関知さえしていなかったから、請求人に隠ぺい又は仮装の意志及び事実はなく、重加算税の賦課決定は違法であると主張するが、行為者は請求人の専務取締役であり、かつ、実質的に経営の主宰者と認められることから、本件事実は、代表者がそれを知っていたかどうかにかかわらず、**請求人の行為と同視**するのが相当であるから、重加算税の賦課決定処分は適法である。

④　従業員の隠ぺい・仮装行為の検討

従業員の行為は、法人の行為とした事例があります。

> ▼　裁決事例集　No. 56-1 頁　平成 10 年 12 月 2 日裁決
>
> 　隠ぺい又は仮装の行為者については、納税者本人の行為に限定すべ

**Ⅳ　重加算税の概要と意義**

き理由はないから、**広くその関係者の行為を含むとしても違法ではなく、従業員の自らの利得を目的として行われた隠ぺい又は仮装による過少申告のような場合はともかくとして**、納税者の簿外資産等を蓄積するために売上金額を除外して仮名預金を設けたり、納税者の利益調整のために棚卸資産を仮装して簿外棚卸資産を作出するような従業員の行為については、納税者本人の行為と同視すべきであると解するのが相当である。

　本件各取引に係る隠ぺい、仮装行為は、納品書等を取引先に作成させる等の方法により、所得金額の計算上、架空の損金を作出して請求人の利益を調整する結果となっていることからすれば、**各担当者の行為は請求人の行為と同視すべき**であり、本件取引から生じた過少申告の責任は請求人が負うべきである。

　注目すべきことは、「従業員の自らの利得を目的として行われた隠ぺい又は仮装による過少申告のような場合はともかくとして」の部分です。税務調査で、従業員の横領が発覚することは多々あります。その場合、従業員の行為は納税者本人の行為になりません。したがって、本人が責めを負うべき隠ぺい・仮装行為も存在しないことになります。

　例えば、従業員が売上を除外して横領したことが発覚した場合、調査官は売上除外で重加算税対象、当該従業員への貸付金処理、と主張してくるかもしれません。その主張に対しては、従業員の犯罪行為は納税者本人の行為とは同視できないので重加算税対象の非違とはならない、との反論が可能になります。

⑤　第三者の隠ぺい仮装行為の検討

　法人税基本通達2-1-43（P116）により、例えば、売上除外の実行行為者が法人の役員や使用人以外の「他の者」である場合には、売上計上もれ額と不正行為による損害額とが相殺され、「他の者」に対する損害賠償請求は請求権が確定したときの事業年度の益金に算入されるので、調査による増差所得はなくなります。

(4)　**隠ぺい又は仮装行為の成立時期**

　国税通則法第68条では、「仮装したところに基づき納税申告書を提出すること」と規定しているので、翌事業年度における仮装隠ぺい（原価の付替え）行為は、重加算税の対象とはならないと解されます。

▼　**裁決事例集　No. 60-148頁　平成12年11月15日裁決**

　原処分庁は、請求人が、A社から入金した工事代金を、過入金と判断して本件事業年度の売上げに計上しなかったことについて、[1] 本件事業年度末までに適正に処理されていれば、当該過入金は当然発生しないこと及び [2] 翌事業年度に当該過入金を売上げに計上した際に、小口に区分処理しただけでなくその対応する原価として他の工事原価を計上したことは、通則法第68条第1項の隠ぺい、仮装に当たるとした。

　しかしながら、請求人は、本件過入金を本件事業年度においてA社からの売掛金の入金として経理しており、また、**翌事業年度には売上げに計上している**ことから、利益が繰り延べられていることをもって通則法第68条第1項の隠ぺい、仮装に当たるとまでは認められな

> い。また、請求人が、**工事原価を付け替えた処理**については、**当該処理が本件事業年度に係るものでなく、この点については理由がない。**
> 　以上により、重加算税の賦課決定処分は、過少申告加算税相当額を超える部分の金額について取り消すのが相当である。

　調査官が仮装の事実を認定する際に、調査時の納税者の行為を判断材料にしている事例がありますが、隠ぺい・仮装行為は納税申告書を提出する前であることが必要となります。ただし、調査時における納税者の対応は、隠ぺい・仮装行為の傍証にはなります。

> ▼　裁決事例集　No.27-8頁　昭和59年3月31日裁決
>
> 　給与所得として請求人が源泉徴収義務を負う従業員慰安旅行の費用について、[1] 実際は海外旅行であるにもかかわらず、国内旅行を行ったとする架空の書類を旅行社に作成させたこと、[2] 上記 [1] で作成させた架空書類に基づき、国内旅行を行ったとして、福利厚生費を計上する経理をしたこと、[3] 原処分の調査担当職員に対し国内旅行を実施したと**虚偽の説明をしたこと**は、単なる過失や記帳誤り等とは認められず、故意に源泉所得税に関する事実を仮装したものと認めるのが相当である。

(5)　**無記帳、無申告、虚偽申告等**

　無申告やつまみ申告の場合、隠ぺい・仮装の事実を確認することは難しいです。悪質な事案では、納税者の行為や考え方を総合的に斟酌して、隠ぺい・仮装を認定することもあります。しかし、一般的には、隠ぺい・仮装の具体的な証拠を把握せずに重加算税を賦課

した事例は少ないと思われます。

> ★　最高裁　平成6年11月22判決
> 　　　　所得税重加算税賦課決定処分取消事件
> 　金融業者が、正確な所得金額を把握しながら、3年間にわたり真実の所得金額の約3、4パーセントにすぎない額のみを所得金額として記載した白色申告による確定申告書を提出し、その後の税務調査に際しても、過少の店舗数や利息収入金額を記載した内容虚偽の資料を提出し、所得金額を少額ずつ増加した修正申告を繰り返した上、その後の最終修正申告で初めて所得金額を飛躍的に増加した申告をするに至ったなど判示の事実関係の下においては、**会計帳簿に不実の記載はない**としても、右各確定申告は、重加算税の賦課要件に該当する。

ことさらに所得金額を低く申告した場合には、隠ぺいと認定されることがあります。ただし、この事案は査察調査によるものであり、同じような事案を、任意調査により重加算税を賦課決定することは困難だと思われます。

> ▼　裁決事例集　No. 37-16頁　平成元年1月31日裁決
> 　自らの事業により多額の所得を得、その所得を十分かつ正確に認識しながら、その認識した真実の所得をあえて秘匿し、それが課税の対象となることを回避することを意図し、実際の所得を把握できる関係書類等に依拠した申告をすることなく、**殊更に関係書類に基づかずに所得金額を低く記載した内容虚偽の確定申告書、修正申告書を提出して申告する行為**は、所得税の税額計算の基礎となる所得の存在を隠ぺいし、その隠ぺいしたところに基づいて納税申告書を提出したことに該当する。

Ⅳ 重加算税の概要と意義

(6) 申告所得税の重加算税の取扱いについて

　重加算税は国税通則法で定められているので、法人税と申告所得税とで、それぞれの重加算税の取扱いに関する事務運営指針は、各税法の独自の部分を除いて、同じような表現になるはずです。しかし、実際にはかなり異なります。申告所得税の重加算税の取扱いについて、法人税の重加算税の取扱い（P 100）と比べてみてください。ポイントは、

① 申告所得税と法人税では「帳簿書類」の定義が異なること、
② 申告所得税では「証ひょう」という用語が用いられていないこと、
③ 申告所得税では「虚偽の答弁」について定めていること

---

**申告所得税の重加算税の取扱いについて**
**（事務運営指針）**

平成12年7月3日

**第1　賦課基準**
**（隠ぺい又は仮装に該当する場合）**

1　通則法第68条第1項又は第2項に規定する「国税の課税標準等又は税額等の計算の基礎となるべき事実の全部又は一部を隠ぺいし、又は仮装し」とは、例えば、次に掲げるような事実（以下「**不正事実**」という。）がある場合をいう。

　なお、隠ぺい又は仮装の行為については、特段の事情がない限り、納税者本人が当該行為を行っている場合だけでなく、配偶者又はその他の親族等が当該行為を行っている場合であっても納税者本人が当該行為を行っているものとして取り扱う。

(1)　いわゆる**二重帳簿**を作成していること。

123

(2) (1)以外の場合で、次に掲げる事実（**以下「帳簿書類の隠匿、虚偽記載等」という。**）があること。

① 帳簿、決算書類、契約書、請求書、領収書その他取引に関する書類（以下「**帳簿書類**」という。）を、破棄又は隠匿していること

② **帳簿書類**の改ざん、偽造、変造若しくは虚偽記載、相手方との通謀による虚偽若しくは架空の契約書、請求書、領収書その他取引に関する書類の作成又は**帳簿書類**の意図的な集計違算その他の方法により仮装を行っていること

③ 取引先に虚偽の**帳簿書類**を作成させる等していること

(3) 事業の経営、売買、賃貸借、消費貸借、資産の譲渡又はその他の取引（以下「事業の経営又は取引等」という。）について、本人以外の名義又は**架空名義**で行っていること。

ただし、次の①又は②の場合を除くものとする。

① 配偶者、その他同居親族の名義により事業の経営又は取引等を行っているが、当該名義人が実際の住所地等において申告等をしているなど、税のほ脱を目的としていないことが明らかな場合

② 本人以外の名義（配偶者、その他同居親族の名義を除く。）で事業の経営又は取引等を行っていることについて正当な事由がある場合

(4) 所得の源泉となる資産（株式、不動産等）を本人以外の名義又は**架空名義**により所有していること。

ただし、(3)の①又は②の場合を除くものとする。

(5) 秘匿した売上代金等をもって本人以外の名義又は**架空名義**の預貯金その他の資産を取得していること。

(6) 居住用財産の買換えその他各種の課税の特例の適用を受けるため、所得控除若しくは税額控除を過大にするため、又は変動・臨時所得

> **IV　重加算税の概要と意義**

　　の調整課税の利益を受けるため、**虚偽**の証明書その他の書類を自ら作成し、又は他人をして作成させていること。
(7)　源泉徴収票、支払調書等（以下「源泉徴収票等」という。）の記載事項を**改ざん**し、若しくは**架空**の源泉徴収票等を作成し、又は他人をして源泉徴収票等に**虚偽**の記載をさせ、若しくは源泉徴収票等を提出させていないこと。
(8)　調査等の際の具体的事実についての質問に対し、**虚偽の答弁**等を行い、又は相手先をして**虚偽の答弁**等を行わせていること及びその他の事実関係を総合的に判断して、**申告時における隠ぺい又は仮装が合理的に推認**できること。

（帳簿書類の隠匿、虚偽記載等に該当しない場合）
2　次に掲げる場合で、当該行為が、相手方との**通謀**による**虚偽**若しくは**架空**の契約書等の作成等又は**帳簿書類**の**破棄**、**隠匿**、**改ざん**、**偽造**、**変造**等によるもの等でないときは、**帳簿書類の隠匿、虚偽記載**等に該当しない。
(1)　収入金額を過少に計上している場合において、当該過少に計上した部分の収入金額を、翌年分に繰り越して計上していること
(2)　売上げに計上すべき収入金額を、仮受金、前受金等で経理している場合において、当該収入金額を翌年分の収入金額に計上していること。
(3)　翌年分以後の必要経費に算入すべき費用を当年分の必要経費として経理している場合において、当該費用が翌年分以後の必要経費に算入されていないこと

## 第2　重加算税の計算

**(重加対象税額の計算の基本原則)**

1　重加算税の計算の基礎となる税額は、通則法第68条及び国税通則法施行令第28条の規定により、その基因となった更正、決定、修正申告又は期限後申告（以下「更正等」という。）があった後の所得税の額から隠ぺい又は仮装されていない事実のみに基づいて計算した所得税の額を控除して計算するのであるが、この場合、その隠ぺい又は仮装されていない事実のみに基づいて計算した所得税の額の基礎となる所得金額は、その更正等のあった後の所得金額から**不正事実**に基づく所得金額（以下「重加対象所得」という。）を控除した金額を基に計算する。

**(重加対象所得の計算)**

2　第2の1の場合において、重加対象所得の計算については、次による。

(1)　必要経費として新たに認容する経費のうちに、**不正事実**に基づく収入金額を得るのに必要な経費と認められるものがある場合には、当該経費を**不正事実**に基づく収入金額から控除する。

　　ただし、簿外の収入から簿外の必要経費を支出している場合において、簿外の収入に**不正事実**に基づく部分の金額とその他の部分の金額とがある場合には、当該簿外の必要経費は、まず、**不正事実**に基づく部分の金額から控除し、控除しきれない場合に限り、当該控除しきれない必要経費の金額を当該その他の部分の金額から控除する。

(2)　過大に繰越控除をした純損失の金額又は雑損失の金額のうちに、**不正事実**に基づく過大控除部分とその他の部分とがあり、当該損失の金額の全部又は一部が否認された場合における重加対象所得の計

IV 重加算税の概要と意義

> 算に当たっては、まず、**不正事実**以外の事実に基づく損失の金額のみが否認されたものとして計算することに留意する。
> すなわち、**不正事実**に基づく過大の純損失又は雑損失から順次繰越控除していたものとすることに留意する。
> なお、純損失の金額又は雑損失の金額は正当であっても、その損失を生じた年分の翌年分以後の年分において、**不正事実**に基づき所得金額を過少にすることにより、当該所得金額を過少にした年分の翌年分以後の年分に繰越控除した損失の金額を否認した場合には、**不正事実**に基づく純損失又は雑損失を繰り越していたものとみなして重加対象所得の計算を行うこととする。

### (6) 国税通則法と事務運営指針

事務運営指針における「帳簿書類」の定義について、次のようになっています。

> ○ 法人税の重加算税の取扱いについて
> 「帳簿、原始記録、**証ひょう書類**、貸借対照表、損益計算書、勘定科目内訳明細書、棚卸表その他決算に関係のある書類」(P 100)
> ○ 申告所得税の重加算税の取扱いについて
> 「帳簿、決算書類、契約書、請求書、領収書その他取引に関する書類」(P 124)

この相違は、「帳簿書類の隠匿、虚偽記載等に該当しない場合」の判定に影響を及ぼし、「隠ぺい・仮装」の範囲について、申告所得税は法人税よりも広くとらえていることを意味します。

具体的には、【事例10】(P 153)を参照してください。事務運営

127

指針の規定を当てはめると、

① 法人税調査では「隠ぺい・仮装」なし、

② 申告所得税調査では「隠ぺい・仮装」あり

となります。キーワードの「証ひょう書類」に着目して、両事務運営指針を読み込めば、そのような結論になります。しかし、実際の税務調査では、調査官は次のようなスタンスで調査展開を図ると推測します。

① 法人税調査では「隠ぺい・仮装」あり、

② 申告所得税調査では「隠ぺい・仮装」なし

何故なのか。調査官にとっては、事務運営指針の規定よりも、所属する組織から与えられた目標を達成するように努力することが大切だからです。組織の目標とは、法人税調査では不正所得（隠ぺい・仮装所得）の把握であり、所得税調査では、それが、それほど重視されていません（P 20）。

ここで疑問に感じるのは、国税通則法に定められている「隠ぺい・仮装」の範囲について、法人税調査と申告所得税調査とで異なっていることです。たとえば、「法人税の重加算税の取扱いについて」で用いられている**「証ひょう書類」**という用語に関して、「申告所得税の重加算税の取扱いについて」では、その用語が使われていません。両事務運営指針は同じ日に公表されているのだから、それぞれの所掌部署の間で調整が行われているはずであり、法人税調査と所得税調査との間で取扱を異にすることは、不可解なことです。

## Ⅳ 重加算税の概要と意義

### (7) 虚偽の答弁と事務運営指針

調査時の虚偽の答弁について、法人税の事務運営指針では全く触れてないにもかかわらず、申告所得税の事務運営指針では、次のように定められています。

---
**第 1-1(8)**

調査等の際の具体的事実についての質問に対し、虚偽の答弁等を行い、又は相手先をして虚偽の答弁等を行わせていること及びその他の事実関係を総合的に判断して、申告時における隠ぺい又は仮装が合理的に推認できること。

---

虚偽の答弁そのものを、隠ぺい・仮装としなかったのは、事実の隠ぺい・仮装は、納税申告書を提出する前の行為で判断される（国税通則法 68 条）からと解されます。

---
**国税通則法 68 条（抜粋）**

納税者がその国税の課税標準等又は税額等の計算の基礎となるべき事実の全部又は一部を隠ぺいし、又は仮装し、その隠ぺいし、又は仮装したところに基づき納税申告書を提出し、……

---

一方で、法人税の事務運営指針では、調査時の虚偽答弁について言及していません。法人税と申告所得税とで事務運営指針の規定の差異は、税務調査の実務にどのような影響を及ぼすのでしょうか。納税者が虚偽答弁をしたときは、法人税の調査に比べ、申告所得税の方が隠ぺい・仮装を認定しやすくなっていると考えられます。

## (8) 縦割り行政と事務運営指針

　重算税の取扱いに関する法人税と申告所得税の事務運営指針は同日に公表されているので、国税庁の法人課税課と個人課税課で事前に十分な摺合せを行っているはずです。しかし、上記(6)及び(7)のように、法人税の調査と申告所得税の調査との間で、異なる取扱をする必要がないにもかかわらず、相違が生じるのはなぜでしょうか。

　所得税の事業者の記帳状況あるいは証拠書類の保存状況が、法人事業者よりも不完全である、したがって、隠ぺい・仮装の事実を認定することが難しい、だから、重加算税を賦課しやすいような表現にした、と私は推測しています。もし、そうだと仮定したとしても、新たに事業を開始しようと人が、法人形態、個人事業形態のいずれかを選択することによって、税務調査を受けたときに重加算税の取扱が異なってよいのでしょうか。

　さらに、興味深いことは、事務運営指針では、調査官が隠ぺい・仮装の事実を認定しやすく定めているにもかかわらず、実際の個人事業主の調査実務では、重加算税を賦課することが重視されず、実際にも賦課されることが少ないことです。

# V 重加算税の事例検討と税務調査対策

## 1 不正発見割合の高い10業種

　国税庁の法人税調査の実績（平成23事務年度）より転載したものです。なお、不正発見とは、隠ぺい・仮装を発見された（すなわち重加算税対象）という意味です。

| 順位 | 業　種　目 | 不正発見割合 | @1件不正所得金額 | 前年順位 |
|---|---|---|---|---|
| 1 | バー・クラブ | 52.6% | 21,551 | 1 |
| 2 | 廃棄物処理 | 33.1 | 13,554 | 3 |
| 3 | パチンコ | 31.9 | 42,473 | 2 |
| 4 | 自動車修理 | 31.0 | 3,050 | 7 |
| 5 | 土木工事 | 29.5 | 8,331 | 4 |
| 6 | 再生資源卸売 | 29.5 | 14,459 | 10 |
| 7 | 一般土木建築 | 29.2 | 8,370 | 5 |
| 8 | 電気・通信工事 | 26.7 | 5,597 | 8 |
| 9 | 管工事 | 26.7 | 5,897 | 9 |
| 10 | 書籍・雑誌販売 | 26.5 | 3,489 | ― |

　この表について、コメントします。
① 　第1位のバー・クラブは、現金商売であり売上除外が多い業種です。飲食業の調査のターゲットは、税務署所管法人であれば売

上除外につきます。しかし、調査部所管法人（大規模法人）の飲食業では、面白いことに、売上除外はありえない、と言われています。

② 廃棄物処理業及び再生資源卸売業は仕入に問題がありそうです。持ち込まれた廃棄物が盗品だということもあるかもしれません。相手先がはっきりしない現金仕入れですと、仕入の水増し、あるいは、仕入を除外し対応する売上も除外する、といった不正も、比較的容易に行えます。

③ 第3位のパチンコは、調査が難しい業種です。不正所得金額が巨額ですが、調査で把握できたのは、脱税額のごく一部にすぎないかもかもしれません。

④ 土木関係は、談合や受注工作に裏金が必要であり、また、大手ゼネコンの裏金作りに協力させられたりして、体質的に不正が多い業種です。【事例19】P 178）

⑤ この表にはありませんが、船舶業について、平成20年度はランク外、平成21事務年度は6位、平成22事務年度はランク外となっています。ランクに突如現れて、直ぐに外れる業種は、税務当局が業種特有の不正パターンを把握し、それを解明する調査手法を開発して、その業種に対する集中調査を行い、芋づる式に不正取引を指摘したのかもしれません。

⑥ 新規にランクインした自動車修理、電気・通信工事、管工事は、調査対象となった事業年度の景気が良かったのでしょう。景気が良ければ所得は増え、税金を減らそうという動機が働き、不正が増えます。不正発見割合のランクは、世相を反映したものといえます。

Ⅴ 重加算税の事例検討と税務調査対策

## 2 不正申告1件当たりの不正脱漏所得金額の大きな10業種

国税庁の法人税調査の実績（平成23事務年度）より転載したものです。

| 順位 | 業　種　目 | @1件不正所得金額 | 不正発見割合 | 前年順位 |
|---|---|---|---|---|
| 1 | パチンコ | 42,473 | 31.9 | 1 |
| 2 | その他の娯楽 | 26,946 | 18.3 | — |
| 3 | 医薬品 | 25,857 | 16.3 | — |
| 4 | 水運 | 25,830 | 19.9 | 4 |
| 5 | 鉄鋼製造 | 25.156 | 20.8 | — |
| 6 | バー・クラブ | 21,551 | 52.6 | — |
| 7 | 野菜・果物販売 | 20,997 | 16.9 | — |
| 8 | 老人ホーム等 | 19,492 | 13.4 | — |
| 9 | 輸入 | 18,684 | 13.4 | — |
| 10 | 自動車・同部品製造 | 18,098 | 19.7 | 8 |

この表についてコメントします。

① 1件当たりの不正所得金額は、年々減少する傾向にあり、日本経済の低迷と軌を一にしています。

② 不況にもかかわらず、ギャンブル関連業種は収益を上げ、不正所得金額も巨額です。

③ 医薬品業界は、病院や医師等へのリベートや接待交際が必要であり、その資金のねん出のために不正経理が行われることが多いです。

④　野菜・果物販売業界が、食肉販売業界や鮮魚販売業界に比べて不正所得が多いという理由が見出せません。ランクインしたのは、税務当局がその業界特有の不正パターンを把握し、それに基づき一斉調査を実施した可能性があります。

⑤　高齢化時代を迎え老人ホームは増加しています。1件当たりの不正所得金額が大きくなったのは、老人ホームの新築工事とそれに伴う補助金に関する取引で高額の否認があったものと推測しています。

⑥　輸入業は、円高による恩恵を受け好況であり、利益が多ければ、利益調整の度合いも多くなります。

⑦　建設業や土木業は、もともと不正経理の多い業界ですが、長期にわたる不況の影響なのか、ランクインしなくなりました。

## 3　重加算税に係る事例検討（法人税調査）

　重加算税賦課の可否を具体的な事例で検討しますが、同じ事例であっても所得税の調査であれば、法令通達運用のガラパゴス化（P19）でも触れましたが、重加算税を賦課されることは稀なことだと思われます。

　下記の事例は事実関係を単純化しているので、実際の調査事案にそのまま適用することはできません。しかし、税務調査において調査官から重加算税を賦課すると言われたときに、どのように考えを整理したらよいのか、そのヒントとなります。

　事例検討の納税者は、資本金1億円、3月決算の法人とします。

## Ⅴ 重加算税の事例検討と税務調査対策

検討は、次の順番で行います。

A　事実関係（納税者の営む業種）

B　調査官の主張（重加算税を賦課する）

C　考え方（隠ぺい・仮装の事実の有無）

◆◆◆【注　意】◆◆◆

　事例検討を読む上で、誤解がないよう、次の点を強調しておきます。

① **各事例での重加算税に係る考察は、全くの個人的見解であり、オーソライズされていませんので、この事例を実際の調査事案における重加算税の課否判定に利用することはできません。**本書で取り上げた判例や裁決事例の趣旨を理解して、調査官との論戦に臨んでください。

② 事例検討と同じ内容の事案があったとしても、実際の調査事案の事実関係は千差万別であり、結論が異なることはよくあることです。

③ 国税通則法68条（重加算税）の法意にしたがって、隠ぺい・仮装を具体化したのが、「法人税の重加算税の取扱いについて（事務運営指針）」（P100。以下事例検討では［指針］と略します）です。

　調査官と議論するときは、この事務運営指針に軸足を置いてください。

## 【事例1】 棚卸除外（除外額が巨額な場合）

### A　事実関係（宝石の販売業者）

年商10億円　商品棚卸計上額100万円。

調査官は、個々の商品の仕入と売上を追い、3月末の棚卸金額1億円を算出。

> 在庫が100万円だけ？　おかしい。
> 売上にも在庫にも計上がない
> 仕入　1億円－100万円、の棚卸除外だ！

### B　調査官の主張（重加算税を賦課する）

棚卸商品を意図的に除外したのだから、重加算税対象となります。

### C　考え方（隠ぺい・仮装の事実の有無）

調査官が除外の根拠を示さない限り、隠ぺい・仮装とはなりません。

【指針1(2)③】

ただし、棚卸計上額が0円であれば、隠ぺいありとして重加算税対象となるとの見解もあります。私見では、棚卸金額が0円であっても、隠ぺい・仮装の事実がない限り、重加算税対象の棚卸除外とはなりません。

## Ⅴ 重加算税の事例検討と税務調査対策

【コメント】

　除外額が大きくなると、納税者は、ばれたから仕方ないと納得の上、重加算税処理を受け入れることがあります。しかし、非違金額の多寡は隠ぺい・仮装の判断に影響を与えません。ただし、算出された棚卸金額が巨額であれば、調査官の取組姿勢いかんによっては、様々な状況証拠を積み上げて重加算税を賦課するよう理論構成することは可能かもしれません。

　なお、『重加算税制度の問題点について』（日本税理士会連合会税制審議会、P269）では、「たな卸資産の計上もれの場合は、納税者においてその計上もれという事実に隠ぺい又は仮装の認識があれば重加算税の課税要件を満たすことになり、」としているが、ただ単に棚卸を計上しないのであれば、事実を隠ぺいする行為がなく（〔重加算税の可否判定マトリックス図〕P108参照）、重加算税の要件を満たしていると解することはできません。日本税理士連合会の考え方では、いわゆる「一筆重加」（隠ぺい・仮装の認識を認める申述書を提出させて、重加算税を賦課すること）が横行することになります。

## 【事例2】 棚卸除外（除外が10年前から続いていた場合）

### A　事実関係（宝石の販売業者）

年商10億円　　商品棚卸計上額1億円。

調査官が、宝石の現物確認を実施したところ、ダイヤモンド（仕入額1千万円）が棚卸から除外されていることを把握した。当該ダイヤモンドは、10年前に仕入れたものだが、利益調整のため棚卸の原票を破棄して棚卸から除外し、その後も毎期同様に処理していた。

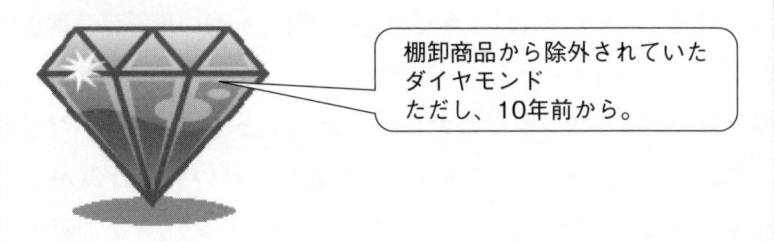

> 棚卸商品から除外されていたダイヤモンド
> ただし、10年前から。

### B　調査官の主張（重加算税を賦課する）

棚卸原票を破棄して、棚卸から除外したのだから、重加算税対象となります。

### C　考え方（隠ぺい・仮装の事実の有無）

棚卸の原票の破棄を調査官が把握したのならば、隠ぺいの事実が立証されたことになります。

【指針1(2)①】

## Ⅴ 重加算税の事例検討と税務調査対策

【コメント】

ただし、次の理屈が成立するのか、検討を要します。

① 当期の期首の棚卸が1千万円過小なので、認容する。　→　増差所得なし

② 前期も、期首・期末とも1千万円の棚卸計上もれ　→　増差所得なし

③ 7期前までの各期とも同様　→　増差所得なし

④ 8期以前は、時効により処理できない。

以上の理屈が成立するならば、棚卸除外1千万円の非違は存在せず、重加算税について検討する必要もなくなります。

## 【事例3】 仕掛除外（申述書で除外を認めた場合）

### A　事実関係（ソフトウエア制作業者）

仕掛計上額0円。

調査官は、4月以降の売上に係る3月以前の人件費1,000万円を算出。代表者は、利益調整のために仕掛に計上しなかったとの申述書を提出しました。

申　述　書

税務署長殿

利益調整のため仕掛1千万円を除外しました。

### B　調査官の主張（重加算税を賦課する）

利益調整のために仕掛人件費1,000万円を除外したのだから、重加算税対象となります。

### C　考え方（隠ぺい・仮装の事実の有無）

【事例1】と同じ。

重加算税対象となる隠ぺい・仮装は納税申告書の提出前の行為（国税通則法68条）であり、申述書の有無に影響されません。ただし、納税者が重加算税対象と思い込んでいれば、申述書を根拠に、重加算税を賦課決定されてしまう恐れがあります。

【指針1(2)③】

## Ⅴ 重加算税の事例検討と税務調査対策

【コメント】

申述書は、隠ぺい・仮装の判断に直接的な影響を与えませんが、実務上は非常に大きな影響力があります。納税者が重加算税を賦課されることを納得していれば、国税当局の幹部は安心し、決裁もスムーズに行われるかもしれません。

なお、申述書により、申告時における隠ぺい・仮装を合理的に推認できれば、申述書は重加算税の可否判定に影響を及ぼすことになります。一関税務署事件（P 181）を参照して下さい。

【事例4】 売上計上もれ（請求書控の日付が虚偽の場合）

A 事実関係（卸売業）

　得意先に商品を3月に納品したが、請求書控100万円の請求日3月31日を、4月30日に書き直して、当期の売上に計上しませんでした。

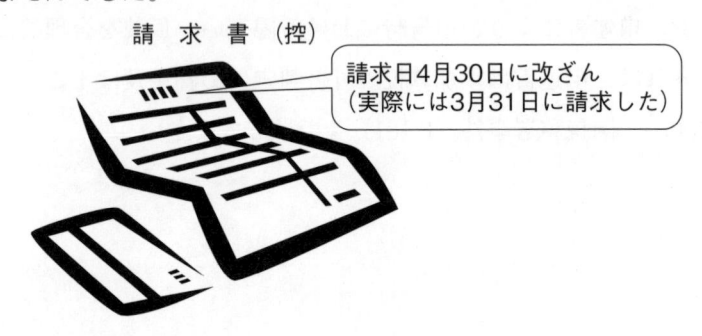

請　求　書　（控）

請求日4月30日に改ざん
（実際には3月31日に請求した）

B 調査官の主張（重加算税を賦課する）

　請求書（控）の日付を改ざんしたのだから、売上計上もれ100万円（重加算税対象）となります。

C 考え方（隠ぺい・仮装の事実の有無）

　請求書控の請求日と売上の計上基準は無関係であり、仮装の事実はありません。

　ただし、当該売上が翌事業年度の収益に計上されていることの確認を要します。

【指針3(1)】

## Ⅴ 重加算税の事例検討と税務調査対策

【コメント】

　国税通則法第68条第1項（P69）は、「その国税の課税標準等又は税額等の計算の基礎となるべき事実の全部又は一部を隠ぺいし、又は仮装し、その隠ぺいし、又は仮装したところに基づき」と規定しています。

　請求書あるいは請求書控えは、納品の時期を示す記録ではなく、その日付が売上を集計する際の計算の基礎となる事実とはならないことは明らかです。したがって、請求書の日付をどのように改ざんしても、事実の隠ぺい・仮装とはなりません。

　請求書の日付の改ざんは、売上の計上時期とは無関係である、ということを、調査官は理解できないかもしれません。請求書（控）は物の動きとは無関係であり、いつの日付でも何回でも発行してよいものだということを調査官に根気よく説明し、誤った処理がなされないようにしましょう。

　なお、請求書（控）の意味をきちんと理解している調査官であれば、重加算税を賦課するために、請求書は「国税の課税標準等又は税額等の計算の基礎となるべき事実」に該当する、という理屈を組み立ててくるかもしれません。たとえば、この場合の請求書は納品書を兼ねている、あるいは、請求日には納品日の意味がある、などの主張が考えられます。

　税理士にとって大切なことは、調査官は重加算税を取るための理屈を組み立てている、ということに気が付くこと、そして、その理屈を論破できるよう理論武装することです。

【事例5】 売上計上もれ（受領書の日付を改ざんした場合）

**A　事実関係（小売業）**
3月31日に商品100万円を売上げたが、受領書の受領日を4月30日に改ざんして当期の売上には計上しませんでした。

受領書

受領日4月30日に改ざん
（実際には3月に納品した）

**B　調査官の主張（重加算税を賦課する）**
受領書の日付を改ざんしたのだから、売上計上もれ100万円（重加算税対象）となります。

**C　考え方（隠ぺい・仮装の事実の有無）**
受領日の改ざんは、事実の隠ぺい・仮装に該当するので、重加算税対象となります。

【指針1(2)②】

【コメント】

受領日を4月30日としたことが、仮に、うっかりミスによるものであれば、隠ぺい・仮装の故意がないので、重加算税対象にはなりません。しかし、決算期末にまたがる時期でもあり、うっかりミスであることを調査官に納得させることは難しいでしょう。

Ⅴ　重加算税の事例検討と税務調査対策

## 【事例6】　仕入過大計上（納品書の日付が虚偽の場合）

### A　事実関係（小売業）

　4月に商品100万円を仕入れたのだが、納品書の納品日は3月31日でした。100万円を当期の仕入に計上し、棚卸には計上しませんでした。

納品書

納品日3月31日
（実際の納品は4月だった）

### B　調査官の主張（重加算税を賦課する）

　納品書の日付が虚偽なのだから、仕入100万円を重加算税対象で否認します。

### C　考え方（隠ぺい・仮装の事実の有無）

　納品書の日付は仕入先が記載するものだから、どういった経緯で虚偽の日付が記載されたのか、解明されなければなりません。それは調査官の仕事であり、未解明のままで重加算税を賦課することはできません。

　解明した結果、仕入先と通謀して日付を改ざんさせた事実が認められれば、事実の仮装となります。

【指針1⑵②】

145

【コメント】

　調査官が、虚偽の日付が書き込まれた納品書を根拠に、仮装ありと主張してきた場合は、調査官は、国税庁の事務運営指針「法人税の重加算税の取扱い」の1⑵②を忘れているのです。納品書の日付は仕入先が記入するものであり、何故虚偽の日付が記載されたのかは、隠ぺい・仮装を判断する上で要となる部分です。たとえ事務運営指針がなくても、調査官が解明するべきことなのです。

Ⅴ 重加算税の事例検討と税務調査対策

## 【事例7】 仕入過大計上（請求書の日付を改ざんした場合）

### A 事実関係（小売業）

4月に商品100万円を仕入れたが、請求書の請求日を3月31日に改ざんして、当期の仕入に計上したが、棚卸には計上しませんでした。

請 求 書

請求日3月31日に改ざん
（実際の請求は4月だった）

### B 調査官の主張（重加算税を賦課する）

請求書の日付を改ざんしているので、仕入100万円を重加算税対象として否認します。

### C 考え方（隠ぺい・仮装の事実の有無）

事例4と同様に、請求書は物の動きとは無関係です。したがって、利益調整のために仕入先に要求して請求書の日付を書き直させたとしても、請求日は納品日を示すものではなく、過少申告加算税対象の非違事項となります。

【指針1(2)②】

【コメント】

やはり、経験の浅い調査官だと、請求書の日付が虚偽だから、重加算税対象だと主張し、なかなか引かないかもしれません。国税通則法第68条の趣旨を根気よく、説明するしかありません。

また、調査官によっては、この場合の請求書には納品の意味があるなどと事実認定をしようとします。税理士としては、調査官の主張が証拠に基づく事実認定なのか、想定を事実認定しようとしているのか、見極める必要があります。

## Ⅴ　重加算税の事例検討と税務調査対策

### 【事例8】　仕入過大計上（領収証の日付を改ざんした場合）

#### A　事実関係（小売業）

　4月に商品100万円を現金で入れたのだが、領収証の領収日を3月31日に改ざんし、当期の仕入に計上し、棚卸には計上しませんでした。

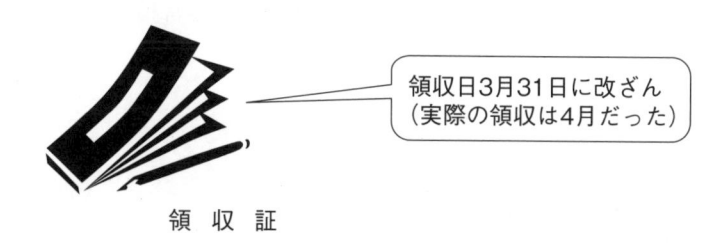

> 領収日3月31日に改ざん
> （実際の領収は4月だった）

領　収　証

#### B　調査官の主張（重加算税を賦課する）

　領収証の日付が虚偽なのだから、仕入100万円を重加算税対象として否認します。

#### C　考え方（隠ぺい・仮装の事実の有無）

　現金決済の場合、領収証の日付が物の引渡し日となることから、その日付は「国税の課税標準又は税額等の計算の基礎となるべき事実」に該当すると考えられるので、事実の隠ぺい･仮装が認められます。

【指針1(2)②】

【コメント】

　領収証は、本来、金銭を受け取ったことを証する書類ですが、現金取引の場合は、物の引渡しあるいは役務の提供と同時に収受するのが一般的です。したがって、現金取引での領収証は、商慣行上、納品書と同じ役割を果たしていることになります。

　現金取引の領収証の日付の虚偽記載は、事務運営指針でいうところの「不正事実」に該当すると判断されます。

Ⅴ 重加算税の事例検討と税務調査対策

## 【事例9】 売上請求もれ（納品書控の日付が虚偽の場合）

### A 事実関係（自動車販売会社）

営業部門が、2月中に今年度の販売目標を達成したので、3月の売上のうち100万円分（車1台）について、納品書控の納品日を4月に改ざんして、売上の計上を翌期に繰り延べました。経理は何も知りませんでした。

> 営業部門が、納品書控の納品日3月を4月に改ざん

### B 調査官の主張（重加算税を賦課する）

納品書控の日付を仮装しているので、重加算税対象の売上もれ100万円となります。

### C 考え方（隠ぺい・仮装の事実の有無）

隠ぺい・仮装の有無を判断するに当たって、過少申告の認識は不要であることから、経理が何も知らなくても重加算税対象となります。

【指針1(2)③】

【コメント】

メディアで有名企業が重加算税を賦課されたという報道が、驚きをもって受け止められ、所得隠しはとんでもない、社会的責任を果たせ等の指摘が出ます。しかし、大規模法人では、税金を意識しないところでの隠ぺい・仮装行為に対して、重加算税を賦課されることが多いです。そして、隠ぺい・仮装は、紙一重の差でテクニカルに認定されてしまうことがあるのです。

「偽りその他不正の行為」が脱税であって、「隠ぺい・仮装」は脱税ではないことを理解し、冷静に対処する必要があります。

Ⅴ　重加算税の事例検討と税務調査対策

## 【事例10】　仕入過大計上（帳簿の日付が虚偽の場合）

### A　事実関係（小売業）

翌事業年度の4月に事務用品100万円を購入し、4月の経費帳に記入しだが、経費帳の購入日を3月31日に改ざんし、当期の損金に繰上げ計上しました。

経費帳

購入日を3月31日に改ざん
（実際の購入は4月だった）

### B　調査官の主張（重加算税を賦課する）

経費帳の日付が虚偽なのだから、事務用品費100万円を重加算税対象として否認します。

### C　考え方（隠ぺい・仮装の事実の有無）

次の2つの事実関係より、重加算税対象とはならないと解されます。

① 繰上計上された事務用品費が、翌事業年度に支出されていること
② 相手方との通謀又は証憑書類等の破棄、隠匿若しくは改ざんではないこと。

すなわち、経費帳に改ざんがあっても、証憑書類等の改ざんがなければ、「帳簿書類の隠匿、虚偽記載等」に該当せず、「隠ぺい又は仮装」にも該当しません。

【指針1(2)、3(2)】

153

【コメント】

　この事例は、国税通則法の条文の文理解釈では、隠ぺい・仮装に該当し、重加算税対象となる可能性が高いですが、事務運営指針により、重加算税対象から除外されると判断しました。

　『法人税の重加算税の取扱いについて（事務運営指針）』（P 100）の(1)(2)③及び3)で、「帳簿書類」と「証ひょう書類」という単語が用いられています。「証ひょう書類等」には「帳簿書類」を含まない、と私は理解しました。したがって、経費帳を改ざんしても、「証ひょう書類等」の改ざんに該当せず、重加算税対象とはなりません。

　国税庁の事務運営指針を読まないと、何を言いたいのか判らないと思います。それを読み込んだとしても、税法と同様に難解であり、実際の調査事案に適用させるのは簡単ではありません。しかし、少なくとも調査官は、この事務運営指針に従わなければならないのだから、重加算税の可否判定を議論するときは大いに利用するべきです。

　事務運営指針の一部を抜書きしましたが、法人税と申告所得税との差異をイメージできるでしょうか。

■法人税の重加算税の取扱いについて　1(2)①（P 100）
　帳簿、原始記録、**証ひょう書類**、貸借対照表、損益計算書、勘定科目内訳明細書、棚卸表その他決算に関係のある書類（以下「**帳簿書類**」という。）を、破棄又は隠匿していること。

■法人税の重加算税の取扱いについて　3
　次に掲げる場合で、当該行為が相手方との通謀又は**証ひょう**

# Ⅴ 重加算税の事例検討と税務調査対策

書類等の破棄、隠匿若しくは改ざんによるもの等でないときは、**帳簿書類の隠匿、虚偽記載等**に該当しない。

◆申告所得税の重加算税の取扱いについて　第1-1(2)①(P 123)
　帳簿、決算書類、契約書、請求書、領収書その他取引に関する書類（以下「**帳簿書類**」という。）を、破棄又は隠匿していること。

◆申告所得税の重加算税の取扱いについて　第1-2
　次に掲げる場合で、当該行為が、相手方との通謀による虚偽若しくは架空の契約書等の作成等又は**帳簿書類**の破棄、隠匿、改ざん、偽造、変造等によるもの等でないときは、**帳簿書類の隠匿、虚偽記載等**に該当しない。

　重加算税について、法人税と申告所得税とで取扱いを異にするのは、個人事業主は記帳状況が悪く、証ひょう書類の保存状況が悪いことが理由なのか、又は、縦割り行政の弊害なのか、不明です。しかし、国税通則法という法律で定められている重加算税について、一介の「事務運営指針」で法人税と事業に係る申告所得税とで取扱を変えて良いのでしょうか。
　こういった問題意識をもって、事務運営指針を上手に活用することも、有効な重加算税対策となります。

## 【事例11】 雑収入除外（金券を受け取った場合）

### A 事実関係（卸売業）

複数の仕入先からビール券100万円を受け取っていたが、雑収入に計上していませんでした。

ビール券　→　社長が受け取る　→　社長が飲む
100万円

### B 調査官の主張（重加算税を賦課する）

収入を隠ぺいしているのだから、雑収入除外100万円、重加算税対象です。

### C 考え方（隠ぺい・仮装の事実の有無）

収入の計上がもれていただけで、脱ろうしたわけではないので、重加算税対象とはなりません。

【指針1(2)③】

## Ⅴ 重加算税の事例検討と税務調査対策

【コメント】

　ビール券や各種金券を収受したとき、少額であれば帳簿に計上しないのが一般的ですが、金額が数百万円と大きくなれば、税務上、問題にされても仕方ありません。

　さらに、ビール券の受払いを会社として管理しているような事実関係があれば、ビール券は調査法人が受け取ったことが明瞭であり、その収入を除外したとして、隠ぺいと認定される可能性が高くなります。

　いずれにしても、収入に上げなくてはならないのか、重加算税対象となるのか、大変微妙です。

## 【事例12】 仕入否認（いわゆる科目仮装の場合）

**A　事実関係（製造業）**

機械1千万円の購入費を仕入勘定に計上し、損金処理していました。

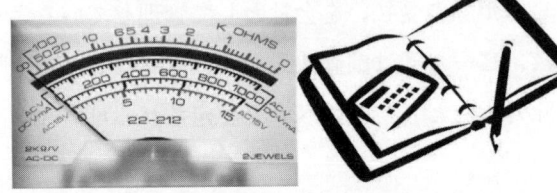

機械1千万円を購入　　　　仕入勘定に計上

**B　調査官の主張（重加算税を賦課する）**

資産計上するものを仕入勘定に仮装して計上しているので、重加算税対象となります。

**C　考え方（隠ぺい・仮装の事実の有無）**

計上科目を間違えただけで、仮装行為は認められません。

【指針3(4)】

【コメント】

代表者から経理担当者に対する、科目を付け替えろ、と指示したメモがあれば、それが仮装の事実を示す証憑となり、重加算税を賦課されます。

単に、科目を間違えただけに過ぎないのに、利益調整をした旨の申述書を提出させたうえで、重加算税対象である、と主張する調査官もいますので、その際はきちんと反論しましょう。

Ⅴ 重加算税の事例検討と税務調査対策

## 【事例13】 売上除外（売上計上を失念した場合）

### A 事実関係（税理士法人）

代表者である税理士は、税務相談料として受け取った10万円を売上に計上することを「失念」してしまいました。

> 税理士報酬10万円を受け取る。しかし、記帳を失念。

### B 調査官の主張（重加算税を賦課する）

売上除外10万円で重加算税対象として処理します。

### C 考え方（隠ぺい・仮装の事実の有無）

失念したということは、売上の計上がたまたま漏れてしまったということであり、除外ではないので重加算税対象とはなりません。

【指針1(2)③】

【コメント】
　法人税調査を担当する調査官であれば、売上が帳簿に計上されず、売上代金が入金されていなければ、反射的に重加算税対象と判断します。調査官も税理士も、昔から同じように処理されてきたことなので、その判断に何の疑問も持たないようです。
　しかし、国税通則法第68条では、「隠ぺい」が要件となっています。失念したということは、隠ぺいではありません。失念なのか隠ぺいなのか、そこを詰めないで重加算税を賦課するべきではありません。

Ⅴ 重加算税の事例検討と税務調査対策

## 【事例14】 売上除外（売上を故意に計上しなかった場合）

### A 事実関係（税理士法人）

代表者である税理士は、税務相談料として受け取った10万円を、現金売上であることを「奇貨」として自分の財布に入れ、個人的に蓄財しました。

> 税理士報酬10万円を受け取る。
> 現金であることを奇貨として、売上を除外。

### B 調査官の主張（重加算税を賦課する）

売上除外10万円で重加算税対象として処理します。

### C 考え方（隠ぺい・仮装の事実の有無）

隠ぺいしたのだから、重加算税対象となります。

ただし、調査官は隠ぺいを立証する必要があります。

【指針1(2)③】

【コメント】

【事例13】と【事例14】の違いはどこにあるのか、悩ましい問題ですが、隠ぺい・仮装を立証するのは調査官だ、ということを忘れてはいけません。

実際の税務調査では、現金売上以外の売上除外であれば、仕入れから売上に至る、物の流れ・書類の流れ・決済の流れ・人の動き等の中に、事実の隠ぺい・仮装が浮かびあがるものです。しかし、現金売上に関しては、その除外の事実を把握することが難しく、調査官は、無予告調査あるいは現物確認調査といった調査手法で事実関係を確認することになります。

Ⅴ 重加算税の事例検討と税務調査対策

## 【事例15】 親子会社間での利益調整（親会社12月決算／子会社3月決算）

### A 事実関係（親：製造業　子：販売業）

親会社（12月決算）は、10〜12月に子会社への製品売上を減少させる方法で所得を減少させ、1月〜3月の子会社への売上を増加させていました。毎年、同じ方法で利益を調整していました。

10〜12月子会社売上を減少させる　……決算……　1〜3月子会社売上を増加させる

### B 調査官の主張（重加算税を賦課する）

利益調整により減少した金額を、売上利益（売上から原価を差引いた金額）除外として所得金額に加算します。

### C 考え方（隠ぺい・仮装の事実の有無）

実際に製品の受払いがなければ、売上利益を計上させることはできず、否認事項とはなりません。ただし、利益調整をした数量、金額の明白な証拠があれば、調査官は売上利益除外として、重加算税対象で処理できるよう、何らかの理屈を考えるかもしれません。

【指針1(2)①】

【コメント】
　親子間取引を利用した利益調整はよくあることですが、否認された事例は比較的少ないと思われます。取引の実態が備わっていれば、あるいは、取引がなければ、調査官がその事実関係を否定することが難しいからです。また、期末前後に不自然な親子間取引があったとしても、それだけをもって利益調整しているとはいえません。しかし、優秀な調査官であれば、利益調整をしている旨のメモ等を把握し、それを損益に結び付け、隠ぺいの事実ありとして、重加算税を賦課する方向で調査展開する可能性はあります。

## Ⅴ 重加算税の事例検討と税務調査対策

### 【事例16】 消耗品費否認（決算期末に大量に消耗品を購入）

#### A 事実関係（製造業）

決算期末近くになり利益調整のため、事務用品や広告用のPR誌及び10万円未満の器具・備品を500万円ほど購入し、損金に計上しました。社長から従業員に対して、利益を減らせ、と指示したメモがあり、それを調査官に把握されてしまいました。

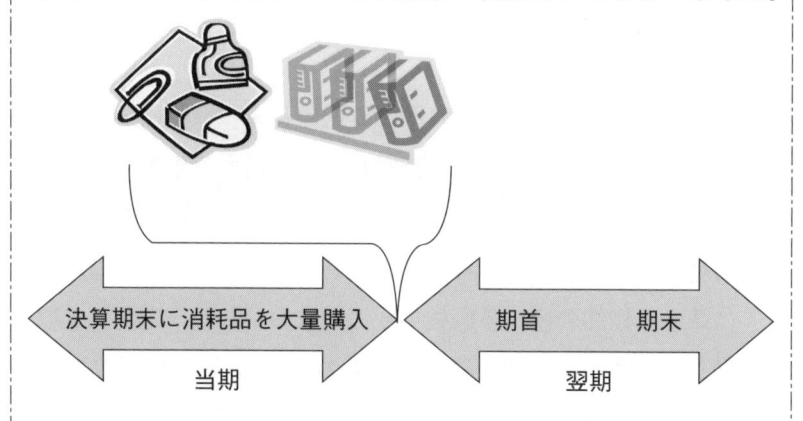

決算期末に消耗品を大量購入 ← 当期
期首 期末 → 翌期

#### B 調査官の主張（重加算税を賦課する）

消耗品は期末において未使用（貯蔵品）なので、損金に計上できません。利益調整するよう指示したメモがあるので、重加算税対象となります。

#### C 考え方（隠ぺい・仮装の事実の有無）

取引自体は正当であり、消耗品費に計上したことにも、事実の隠ぺい・仮装は有りません。利益調整せよとのメモを根拠に重加算税を賦課できるのか疑問です。証ひょう書類等の破棄、隠匿若しくは改ざんの事実はなく、堂々と帳簿に記載していることから、重加算税は賦課できないと解されます。

【指針１(2)①②③】

【コメント】

利益調整するよう指示したメモなどが出てきたら、調査官は確信をもって重加算税対象と主張してくるでしょう。しかし、本当にそうなのか、事実の隠ぺい・仮装はどこにあるのか、検討を要します。

---

（参考）法人税基本通達

（消耗品費等）

2-2-15　消耗品その他これに準ずる棚卸資産の取得に要した費用の額は、当該棚卸資産を消費した日の属する事業年度の損金の額に算入するのであるが、法人が事務用消耗品、作業用消耗品、包装材料、広告宣伝用印刷物、見本品その他これらに準ずる棚卸資産（各事業年度ごとにおおむね一定数量を取得し、かつ、経常的に消費するものに限る。）の取得に要した費用の額を継続してその取得をした日の属する事業年度の損金の額に算入している場合には、これを認める。

Ⅴ 重加算税の事例検討と税務調査対策

【事例17】 固定資産除却損

A 事実関係（自動車部品製造業）
　自社工場内に、耐用年数に達してないにもかかわらず、売上先の要求するレベルの部品の製造ができず、他の用途に転用することもできず、スクラップとしての価値も認められない機械がありました。決算期後の4月5日に業者が撤去工事を行い廃棄したのですが、業者に指示し、3月31日に機械を廃棄したとして作業報告書を作成させ、当該機械の簿価1千万円を当期の除却損に計上しました。

撤去工事日の虚偽記載3月31日
（実際の撤去は4月5日だった）

B 調査官の主張（重加算税を賦課する）
　撤去日が決算期後なので除却損を否認します。作業報告書の日付が虚偽であり、重加算税対象とします。

C 考え方（隠ぺい・仮装の事実の有無）
　作業報告書に虚偽の作業日を記載させたのだから、隠ぺい・仮装の事実はあります。しかし、当該機械は、決算期末におい

> て有姿除却できる状態であると認められることから、除却損を否認することはできません。したがって、「過少申告加算税の額の計算の基礎となるべき税額」(通則法68条)が発生しないので、重加算税について検討する必要はありません。
>
> 【指針1(2)②】

【コメント】

調査官からの指摘された否認事項について、「隠ぺい・仮装」ばかり気にしていると、その否認内容が正当なのか否かの検討がおろそかになってしまいます。実際に、否認できない内容であるにもかかわらず、重加算税対象として否認されてしまう事例があります。税理士の力の見せ所です。

> **(参考)法人税基本通達**
>
> **(有姿除却)**
>
> 7-7-2 次に掲げるような固定資産については、たとえ当該資産につき解撤、破砕、廃棄等をしていない場合であっても、当該資産の帳簿価額からその処分見込価額を控除した金額を除却損として損金の額に算入することができるものとする。
> (1) その使用を廃止し、今後通常の方法により事業の用に供する可能性がないと認められる固定資産
> (2) 特定の製品の生産のために専用されていた金型等で、当該製品の生産を中止したことにより将来使用される可能性のほとんどないことがその後の状況等からみて明らかなもの

V 重加算税の事例検討と税務調査対策

【事例18】 租税回避取引（赤字子会社を利用）

A 事実関係（不動産貸付業）
　不動産の貸付を行っている法人（非同族会社）が、業績不振で資金繰りの苦しい子会社と不動産管理に係る委任契約を結び、管理手数料として不動産収入の4割を支払いました。その結果、当該法人の所得が大幅に減少し、子会社の所得は増加したが子会社に法人税額は発生しませんでした。

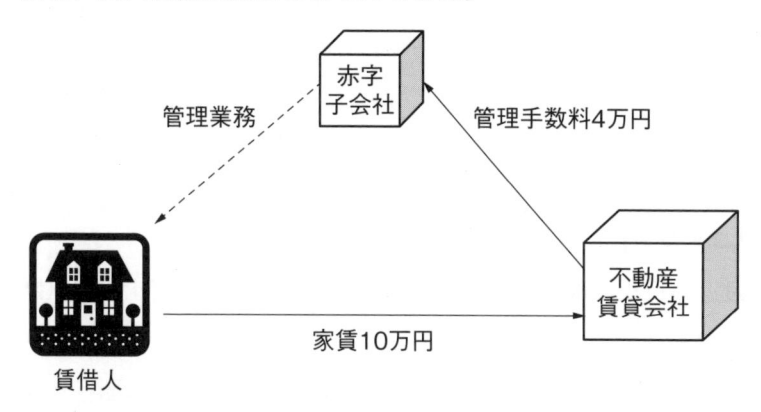

```
                    赤字
                    子会社
       管理業務  ↗         ↘  管理手数料4万円
              ╱             ╲
             ╱               ↘
            ↙                 不動産
         🏠                   賃貸会社
        賃借人   ──家賃10万円──→
```

B 調査官の主張（重加算税を賦課する）
　当該契約は私法上有効で、経済的実態が伴っているとしても、経済合理性のない取引を利用した租税回避行為であり、架空の委任契約なので、管理手数料は重加算税対象として否認します。

C 考え方（隠ぺい・仮装の事実の有無）
　たとえ異常な法形式の契約であったとしても、私法上有効な契約が締結されているのであれば、税務当局が、その契約を通常用いられる法形式に引き直して、それに対応する課税要件が充足されたものとして取扱うことは認められない、という考え

169

> 方が、近年における通説・判例です。したがって、過少申告対象として否認することもできません。
>
> 　ただし、この事例のような極端に経済合理性のない取引では、何らかの理屈に基づき、否認される可能性はあります。その場合であっても、隠ぺい・仮装を示す証拠がない限り、重加算税対象とはなりません。
>
> 　ただし、子会社が実際には不動産管理を行っていない、といった事実関係があれば、当該契約書は委任を仮装した架空の契約書であり、重加算税対象となります。
>
> 【指針1(2)②】

## 【コメント】

　最近の租税回避スキームの裁判で有名なのは、武富士事件（贈与税）です。

　当時は、国外に住所がある日本人が国外にある資産の贈与を受けた場合は非課税とされ、また、香港では贈与税が非課税でした。武富士の創業者夫婦は、租税回避を目的として長男を香港に滞在させ、武富士の株を非課税で贈与しました。国税当局は、長男の住所地は国内にあったものとして、贈与税の課税価格1,653億円に対する追徴税額1,330億円を決定したが、最高裁で敗訴しました。

## Ⅴ 重加算税の事例検討と税務調査対策

## 武富士事件……「国破れて租税法律主義あり」

★最高裁　平成23年2月18日判決

### 贈与税決定処分取消等請求事件

　香港に赴任しつつ国内にも相応の日数滞在していた者が国外財産の贈与を受けた場合において、当該贈与を受けたのが上記赴任の開始から約2年半後のことであり、通算約3年半にわたる赴任期間中の約3分の2の日数を香港の居宅に滞在して過ごし、その間に現地での業務に従事していたなど判示の事実関係の下では、上記期間中の約4分の1の日数を国内の居宅に滞在して過ごし、その間に国内での業務に従事していた上、贈与税回避の目的の下に国内での滞在日数が多くなりすぎないよう調整していたとしても、その者は、当該贈与を受けた時において、贈与税の課税要件である国内における住所を有していたということはできない。

　租税法の住所は、民法22条が定める「生活の本拠」と解されているが、本件の争点は、原告の住所が日本と香港のいずれに所在していたのか、という点にあります。住所について、東京高等裁判所は、原告の租税回避の意思を考慮して日本を住所地と認定しました。最高裁判所は、客観的に生活の本拠たる実態を具備しているか否かで判断して、香港を住所地として認定しました。

　この判決に対しては、租税法律主義の下での課税要件明確主義の精神が貫かれている、租税法律主義を厳格に守った、と評価する学者、実務家が多数でした。ここでの教訓は、たとえどんなに意図的

な租税回避行為であっても、租税法律主義が厳密に適用されるということです。租税回避取引は、私法上有効な取引であり、その契約通りの取引が行われているのであれば、たとえそれが通常ではありえない法形式であったとしても、税務上は是認されます。ただし、実際に契約通りの取引が行われていなければ、仮装の事実が認められるので、重加算税対象として否認されます。

最高裁判所の須藤裁判官は、次のような補足意見を述べています。

「一般的な法感情の観点から結論だけみる限りでは、違和感も生じないではない。しかし、そうであるからといって、個別否認規定がないにもかかわらず、この租税回避スキームを否認することには、やはり大きな困難を覚えざるを得ない。」

「納税は国民に義務を課するものであるところからして、この租税法律主義の下で課税要件は明確なものでなければならず、これを規定する条文は厳格な解釈が要求されるのである。明確な根拠が認められないのに、安易に拡張解釈、類推解釈、権利濫用法理の適用などの特別の法解釈や特別の事実認定を行って、租税回避の否認をして課税することは許されないというべきである。そして、厳格な法条の解釈が求められる以上、解釈論にはおのずから限界があり、法解釈によっては不当な結論が不可避であるならば、立法によって解決を図るのが筋であって、裁判所としては、立法の域にまで踏み込むことはできない。後年の新たな立法を遡及して適用して不利な義務を課すことも許されない。結局、租税法律主義という憲法上の要請の下法廷意見の結論は、一般的な法感情の観点からは少なからざる違和感も生じないではないけれども、やむを得ないところである。」

## V　重加算税の事例検討と税務調査対策

　この補足意見にも多くの賛意が寄せられていますが、私個人としては異論があります。

　ただし、租税回避取引に対する最高裁判所の考え方は判例として確立しているので、学者でないものが個人的な意見を述べたところで税務調査対策としては無意味であり、時間の無駄でもあります。以下の私見については、興味がない方は読み飛ばしてください。

　ある研修会があり、グループで武富士事件の検討を行いました。研修参加者に、この最高裁判決に異を唱える人は一人もなく、租税法律主義を貫いた立派な判決だ、そんな空気が支配的でした。

　私は、この判決は国を滅ぼす判決ではないかと意見を述べたのですが、それは法律の問題ではなく政治の問題である、と否定されました。それでは、自衛隊の違憲訴訟で、裁判官は純粋な法律論だけで判決を出せるのでしょうか。日本という国を守らなければならないという結論があって、合憲にするための法律論を展開しているとしか思えません。納税は、国民の3大義務の一つであり、国の根幹にかかわる問題です。国防と同様に、個別の税法よりも先に考えることがあるはずです。租税回避スキームにより1,330億円の納税を免れ、そして、「この紋所が目に入らぬか」と租税法律主義を掲げる、やはり何かがおかしい。憲法の規定から再考することにします。

**憲法14条**

　すべて国民は、法の下に平等であつて、人種、信条、性別、社会的身分又は門地により、政治的、経済的又は社会的関係において、差別されない。

> **憲法 30 条**
> 　国民は、法律の定めるところにより、納税の義務を負ふ。
> **憲法 84 条**
> 　あらたに租税を課し、又は現行の租税を変更するには、法律又は法律の定める条件によることを必要とする。

　納税については法律で定めれば十分であり、憲法 30 条は不要であるとの議論があります。しかし、憲法は、法律に基づかなければ納税の義務を負わないという権利を国民に認めるとともに、義務という言葉の中に、納税に対する誠実な姿勢をも日本国民に求めている、と理解するべきです。また、憲法 14 条により、租税は公平でなければなりません。税法の抜け穴を探して 1 千億円以上も税額を減らすことは、租税公平主義に反しないのだろうか。

　税金は、国家が国民の私有財産の一部を義務的・強制的に提供させるという側面がありますが、国民が社会の中で生きていくためには絶対に必要なものです。憲法 30 条は、主権者たる国民、国会、政府そして裁判所に対して、租税正義（すべての国民の利益のために税法があるとの基本理念　松原智「租税法の基本原理」P 118）を求めている、と私は解します。租税回避取引については、租税正義のフィルターを通して課税要件事実に当たる事実を認定して、租税法規を解釈するべきです。

　武富士事件では、最高裁判所は、租税法律主義を厳格に解釈することにより、たとえ計画的な租税回避行為であっても、税務当局はそれを否認することができないと判示しました。租税法律主義は、行政府による恣意的な課税から国民を保護する役目があったが、現

Ⅴ 重加算税の事例検討と税務調査対策

代の民主主義国家での機能は、国民の経済生活の法的安定性と予測可能性を与えることにあると言われています（金子宏　租税法16版　P71）。しかし、租税回避スキームを追い求める納税者に、「法的安定性」や「予測可能性」で特段の配慮をする必要があるでしょうか。租税法規は、租税法律主義、納税義務及び租税公平主義を総合的に斟酌して解釈することにより、租税正義が達成することができるのです。

　弁護士や税理士は、納税者の味方となり、租税回避スキームを積極的に推進し、それを否認しようとする課税庁に対しては、納税者を擁護する立場から戦うことになります。それは専門家としての通常の活動であり、否定されるものではありません。ただし、この考え方が行き過ぎると、租税正義が実現しない状況になってしまいます。

　最高裁判所の判決は、弁護士法1条の「基本的人権の擁護」に繋がり、税理士の使命は「納税者の権利擁護」である、との主張に繋がっていきます。

**（租税法律主義を重視する考え方は、納税者の権利擁護に繋がります）**

```
納税の義務（憲法30条）  ⎫
租税公平主義（憲法14条）⎬ ＜　租税法律主義（憲法84条）
                        ⎭
                          ● 納税者の権利擁護
                          ● 基本的人権の擁護（弁護士法1条）
                          ● 租税回避スキームの推進
```

175

武富士事件では、国税当局は原告が納税の義務を回避しようとした事実を次のように立証していました。

「上告人は、贈与税回避を可能にする状況を整えるために香港に出国するものであることを認識し、本件期間を通じて国内での滞在日数が多くなりすぎないよう滞在日数を調整していたと認められる」

「公認会計士から贈与税回避プランの具体的な提案を受けていて、3か月に1回程度、国別滞在日数を集計した一覧表を作成していたり、日本国内に長く滞在しすぎているから早く香港に戻るよう公認会計士から指導されたりしていた。」

租税回避行為が立証されたならば、その取引に対しては、租税法律主義を厳格に適用するべきではなく、租税法律主義に、納税義務及び租税公平主義とを総合勘案して、課税要件事実に当たる事実を認定し、租税正義を実現するべきです。

武富士事件では、住所の判定に関して「客観的な事実」に固執せずに、東京高等裁判所が判示したように、納税者の「主観的な意思」も考慮するべきだったのです。もちろん、様々な節税商品や租税回避スキームを憲法の条文から直接的に否認することはできません。明らかな租税回避スキームに対しては、個々の税法を解釈する上で、租税法律主義を緩めることは許容されると考えます。租税法律主義を厳密に適用することだけでは、租税正義は実現しないのです。

租税正義を重視する考え方は、税理士法1条で規定する税理士の

Ⅴ 重加算税の事例検討と税務調査対策

使命（「独立した公正な立場」で「納税義務の適正な実現」を図る）にもつながります。

> **（税理士の使命）**
> **第 1 条** 税理士は、税務に関する専門家として、**独立した公正な立場**において、申告納税制度の理念にそつて、納税義務者の信頼にこたえ、租税に関する法令に規定された**納税義務の適正な実現**を図ることを使命とする。

**（納税の義務と租税法律主義を同等とする考え方は、租税正義に繋がります）**

> 納税の義務（憲法 30 条）　　　　　　　　　　　　　　　　　　　　　　　　　　　　　　　　　　　　　　　　　　　
> 租税公平主義（憲法 14 条）　＝　租税法律主義（憲法 84 条）
> 
> ● 納税義務の適正な実現（税理士法 1 条）
> ● 租税正義
> ● 租税回避スキームの制御

　最高裁の判決は、租税法律主義を厳守することにより、地道にコツコツと記帳し、努力し、まじめに納税している納税者の努力を否定し、納税道義を貶めてしまいました。租税法における正義は、「租税法律主義」だけを尊重するだけではなく、憲法が求める「納税の義務」及び「租税公平主義」も尊重することにより、実現するのです。

## 【事例19】 ゼネコンの典型的な不正パターン

① ゼネコンのA社は、自社ビルの建設を下請先であるB社（建設業）に50億円で発注し、裏金1億円を捻出し、国会議員のDに手渡すよう指示しました。

② 下請先B社は、孫請先C社（建設業）に、46億2千万円（正当額45億円、水増額1億2千万円）で発注し、1億円をD議員に手渡すよう指示しました。

③ 孫請先C社は、A社のビルを建築に着手するとともに、無申告法人等を利用して1億1千万円の架空の外注費を計上し、1億円を捻出して、D議員に手渡しました。

④ なお、A社は50億円を建設仮に計上しています。

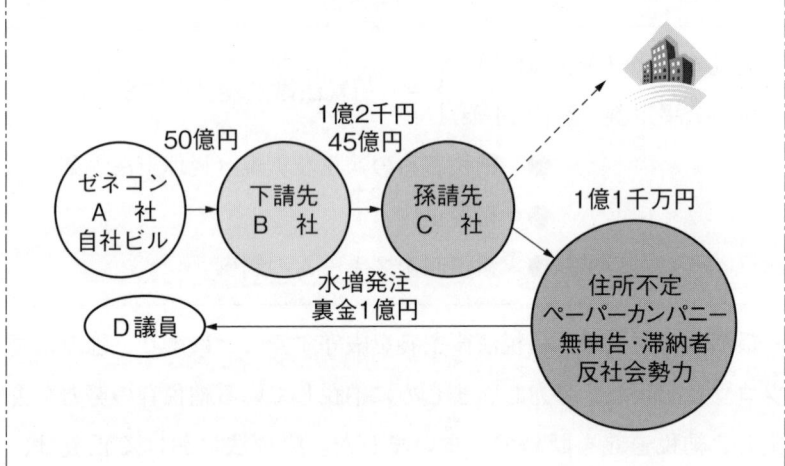

```
                  1億2千円
         50億円    45億円
  ┌─────┐   ┌─────┐   ┌─────┐
  │ゼネコン│   │下請先│   │孫請先│   1億1千万円   ┌─────────┐
  │ A 社 │──→│ B 社 │──→│ C 社 │──────────→│住所不定     │
  │自社ビル│   │     │   │     │              │ペーパーカンパニー│
  └─────┘   └─────┘   └─────┘              │無申告・滞納者│
              水増発注                          │反社会勢力   │
              裏金1億円                         └─────────┘
  ┌─────┐
  │D議員 │←─────────────
  └─────┘
```

〈検討事項〉

① 水増しとは、どういう意味か。

A社からB社への50億円に、水増し分はないのか。

B社の1億2千万円、C社の1億1千万円の支払いに、税務上の問題は発生するのか。

## Ⅴ 重加算税の事例検討と税務調査対策

> ② A社、B社、C社、D議員では税務否認があるのか。否認は重複しないのか。
>   D議員がA社の社長だった場合は、結論は異なるのか。
> ③ 否認仕訳はどうなるのか。重加算税対象となるのか。

【コメント】

　税務調査ではただ一つの真実などはなく、結論に向けたストーリーの結果がその調査における真実となります。また税金の問題以外のことも考慮する必要があります。もし、1人の税理士がA、B、C、Dの顧問をしていれば、依頼先を守るために、彼にとっての税務上のストーリーは4つ存在することになります。

　この検討事項には、簡単な答えはありません。しかし、調査官と税理士は、協力して何らかのストーリーを探しだし、折合いをつけ、結論を出しています。

## 【事例20】 白色申告・一関税務署事件

① 養鶏業を営み、白色で申告し、売上のみ記帳し、売上の6割を経費としていました。
② 調査官は一部期間を調査したのみで、経費が過大であると主張し、経費について過大に計上したとの申述書を書かせ、社長に押印させました。
③ 次に調査官は、経費を売上の3割まで削った修正申告書を7期分作成し、社長に押印させ、その後、重加算税を賦課決定しました。

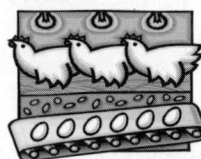

養鶏業者
 売上……記帳
 経費……概算計上（売上の6割を計上）

申述書に押印　　　　　　　　　修正申告書に押印

調査官
 経費……経費が過大（売上の3割が妥当）
　　　　概算計上額6割との差額3割を否認する
　　　　否認額は重加算税対象とする。

**検討事項**
① 白色申告で、経費の概算計上は認められるか。
② 経費の概算計上が過大と思慮される時、どの様に否認するのか。
③ 申述書で経費を否認できるのか。

Ⅴ 重加算税の事例検討と税務調査対策

④ 事実の隠ぺい・仮装はあるのか。

**【コメント】**

　調査の現場では、理屈だけでは処理できないことが沢山あります。経費が概算計上されていれば、それが明らかに過大計上であっても、それを理路整然と否認するためには大変な時間と労力を要し、困難な作業となります。また、隠ぺい・仮装の証拠を把握することも、難しいのです。調査官としては、調査を手短に終わらせるために、申述書を重用することになります。しかし、それは調査官にとって非常に危ういことでもあります。

　この事例は、平成24年3月28日の参議院の会議録を参考に作成しました。この国会質問では、具体的な調査事例から、重加算税について興味深い議論が行われます。非常にリアリティのある内容であり、いろいろな現実が見えてきます。税務署の調査に対して批判的な立場からの考え方と、それに対する国税庁の公式見解が良く判り、特に、申述書と重加算税についての質疑応答は、税務調査の現場においても、大いに参考になるものとなっています。

**一関税務署事件**

参議院会議録
第180回国会　財政金融委員会　第4号
○**大門実紀史君**　大門でございます。
　・・・省略・・・
　岩手県の一関税務署で起こった事案でございますが、一関市に在住

しておられる養鶏業の方で、仮にＡさんとしておきますが、この方は2001年に仕事を始めて、養鶏業を始めて、2010年の12月に一関税務署から初めての税務調査を受けました。もう御案内のとおり、通常、税務調査というのは、調べに入って、間違っていれば修正申告をすると。大抵3年分ぐらいが普通でございますけれども、この方のケースはちょっと違いまして、税務署員が一部を調べただけで、あなたのところは経費が多いというふうにもう決め付けるようにして、で、何をしたかというと、このＡさんに**申述書、申し述べ書、申述書**を書かせました。**経費について過大に記載したというようなことと、済みませんでしたと謝罪をさせるというふうに書くように指示をして、書けば、言うとおりに書けば税金が減額される場合もあるから**というようなことをほのめかして、とにかく書かせたわけでございます。書かせて判こを押させました。

その**念書**といいますか**申述書**、とにかく書かせた後になって、税務署は何と、通常の任意調査であるにもかかわらず、**7年分**ですね、**7年分というのはいわゆる悪質で脱税犯に該当するような場合、7年**というのがありますが、通常はやりませんけれども、**7年**の遡って調査をして課税をすると。これが後で大変なことになるわけですけれども、**売上げの6割前後だった経費を計上していたものを3割まで大幅に削った申告書を作成させて判こを押させました。**

このＡさんというのは2001年に開業で初めての税務調査でしたから、よく分からずにそこまで来たわけですが、実際に**7年分**の追徴課税となると、しかも税務署の方が3割しか経費認めないというようなことでのなると相当の金額になりました。**重加算税**まで課せられたわけですね。**悪質脱税犯扱いですね。**

幾ら何でもということで、金額多過ぎますので、納得できないで地元の一関の民商と一緒に税務署にこういうのを撤回してもらいたいと

Ⅴ 重加算税の事例検討と税務調査対策

いうことを働きかけを始められて、私の方にも相談がございまして、私の方で国税庁を呼んでちょっとこれどうなっているのかと、事実関係も調べてもらって、若干、若干というか相当やり過ぎじゃないかということを申し上げて是正を求めました。

　最終的にどうなったかというと、税務署は職権で減額の更正、つまり税務調査の誤りを認めて**脱税犯**というふうな扱いの処分を撤回いたしました。**重加算税**も**撤回**をして、課税額も修正申告並みの課税額に減額をしたわけでございます。

　まず、ちょっとこの個別案件的に申し上げたいのは、こういうふうに税務署は、一関の税務署はこういう指摘を受けて事実上誤りを認めたわけですね、職権で更正、減額の更正ですから。だったら、これ当然納税者に、この方に一言おわびぐらいすべきじゃないですか。何にも言わない。自分たちで勝手に減額しただけで、**一切この重加算税を課した、つまり脱税犯扱いしたことに対して何のおわびもない**と。こんなの普通は一言おわびするぐらいが社会的な常識じゃないんでしょうか、いかがですか。

○政府参考人（国税庁次長岡本榮一君）　個別案件については答弁を差し控えさせていただきたいと思います。

　一般論といたしましては、私どもは、法令の定めるところにより、適正な手続により税務行政に努めておるということでございます。

○**大門実紀史君**　いやいや、そうじゃなくて、個別案件じゃないですよ。個別案件の中身を私はしゃべっているわけですから。撤回したことに対しておわびぐらいさせるのが当たり前じゃないですかと申し上げているんですよ。それぐらい指導しなさい、あなた、何言っているの。

○政府参考人（岡本榮一君）　繰り返しになりますが、個別案件については答弁を差し控えさせていただきたいと思います。

183

○**大門実紀史君** 安住大臣、午前中いろいろありましたけれども、これ、こういうことなんですよ。自分たちの誤りを一切認めないところが国税庁、税務署なんですよね。事実上撤回しておいて、事実経過では誤りを認めておいておわびをしないんです。悪いと言わないんです、この官庁は。そういうところでこれいいんですか。こういう国税庁の姿勢、もう今どき申し訳ないことは申し訳ないと言ったって何も損しないでしょう、実際撤回、撤回したんだから。それぐらいやるべきだと思うんですけれども、安住大臣、いかが思われますか。

○**国務大臣（財務大臣安住淳君）** 個別事案に答えられないということはあるとは思いますが、ただ先生の御指摘が事実であれば、**聴取書**をかなり強権的にやって、それで後になってそれを調べたらそうではない事実が判明して、結果的にはその税金を戻したか何かをしたという御指摘ですね。

　私としては、今聞いている範囲において、これ国税庁から私自身が克明に聞いたわけではございませんので、物事の善しあしの判断は別として、もし常識的な対応ということを先生が御指摘であるとすれば、その方からの**聴き取り書**の聴取の仕方について十分私どもとしても検証をして、そうしたことを改めるところがあれば、それは改めるべきであるというふうには思います。

　ただ、事実の関係がちょっと分からないので、これ以上のことはちょっと御勘弁いただきたいと思います。

○**大門実紀史君** 今大臣が言われたことを踏まえて、個別的には答えられないならば、具体的に指導してもらえれば結構でございます。

　もう一つは、これは一関税務署だけのことかと思ったら、どうもそうではないということで申し上げたいんですけれども、要するに、何があったかといいますと、**優しい言葉でとにかく一筆書かせるんですよ、一筆書かせるんです**。それで、済みませんという言葉を入れさせ

## Ⅴ 重加算税の事例検討と税務調査対策

るわけですね。その念書を取った後で、念書を取った後で重加算税を課すわけです、7年遡るわけです。これはなぜそういうことをやるかというと、この後で申し上げますけれども、ちょっとまず確認したいんですけれども、これほかでもやっているでしょう、こういうやり方。どうですか。

○政府参考人（岡本榮一君）　お答え申し上げます。
　税務調査は、その公益上の必要性と納税者の私的利益の保護との衡量において社会通念上相当と認められる範囲内で、納税者の理解と協力を得て行うものでありまして、従来から与えられた権限の範囲内で適切に実施するよう指示しておるところでございます。
　なお、調査の過程におきまして、帳簿や原始記録など既存の書類の検査に加えまして、**事実関係の正確性を期するため納税者の理解と協力を得て文書を作成**していただくこともあります。その場合におきましても、もちろん税務調査の一環として与えられた権限の範囲内で適切に実施をし、強制的な、強権的な対応を行うことがないよう努めてまいりたいと思います。

○大門実紀史君　答えていない。答えさせてください。
○政府参考人（岡本榮一君）　お尋ねの趣旨が、要するに聴き取り書の作成あるいは**申述書**の作成ということでありますれば、先ほど申し上げたように、帳簿や原始記録などの既存の書類の検査だけでは十分事実関係の解明ができないケースなどケース・バイ・ケースでございますけれども、事実関係の正確な把握のため納税者に**申述書、聴き取り書**などの書類を作成していただくことはございます。

○大門実紀史君　配付したのが今度は東京国税局の資料でございます。
　「証拠資料の収集と保全」ということで、要するに何を書いてあるかといいますと、税務調査などで更正決定と、税務署が一方的といいますか決定しちゃう場合があります。これは後で納税者から不服の申

立てとか異議申立てが来る場合があります。

　そういうケースがあるので、更正決定をした場合は税務署が、書いてございますけれども、2ページ辺りにですね、**税務署が立証責任を負う**ので、そういう場合は後で異議申立てのときは税務署が立証しなきゃいけないので、様々な証拠書類を収集して保全しなさいと。そこまでは別にいいかと思うんですよ。ところが、3ページのところにありますけれども、問題は、この納税者本人から聴き取って判こを押させる**聴取書、聴き取り書**なんですね。これも証拠化しておきなさいということが中段辺りに書かれております。

　まず、こんなものに判こを押させて何か法律的な根拠があるんですか、これ。

○政府参考人（岡本榮一君）　お答え申し上げます。

　税務調査は、実定法上特段の定めのない実施細目につきましては、**質問検査の必要があり、かつ、これと相手方の私的利益との衡量において社会通念上相当な程度にとどまる限り、権限ある税務職員の合理的な選択に委ねられている**ものと、そういう最高裁の判例がございます。

○大門実紀史君　法的根拠、何もないんですよね。こういうものを取るというものは何もないんですよ。

　それで、この資料の3ページ目ですね、これ黒塗りになっていますね。こういうものしか出しませんが、この黒塗りのところ、何が書いてあるんですか。

○政府参考人（岡本榮一君）　御指摘の文書につきましては、国税局が税務署に対し、**証拠資料の収集、保全**の必要性やその方法などを示しているものであると承知しております。

　資料のうち、黒塗りされている部分には、実際の調査における証拠資料の収集方法や証拠資料の作成に当たっての留意事項等が記載して

> Ⅴ 重加算税の事例検討と税務調査対策

おります。一般的に、公にすることにより、これらを知った一部の納税者が税務調査への対応策や妨害策を講ずるなど、国税当局の税務調査における事実の把握を困難にするおそれがある場合には、情報公開法５条６号該当として開示していないところであります。

　したがいまして、この場においての答弁も、内容についての答弁は差し控えさせていただきたいと思います。

〇**大門実紀史君**　これ黒塗りになっていますけれども、私には見えるんです。

　何て書いてあるかといいますと、ところで不服申立て又はその後の訴訟段階になって原処分にかかわる調査の際に関係者等から提出させた**申述書、確認書**の記載内容について争われる場合が少なくないと。具体的には、**申述書等の記載を調査担当者から強要された**などの主張をされることが多いが、このような場合は、この申述書、確認書の証拠能力、具体的には後述する形式的証拠能力や実質的証拠力に欠けることになるだけじゃなく、**調査手続上の問題にも及ぶ可能性がある**云々。したがって、強制したと思われないように気を付けなさいということが書いてあるわけで、何もそんな納税者にとって困ることでも妨害する話でも何でもないですよ。こういうことを、何でこんなところを黒塗りにするんですか。やっぱりそういう強制されたという事例がいっぱい出てるから、思われないように気を付けろと書いてあるわけでしょう。別にこんなの黒塗りにすることないじゃないですか。強制しちゃいけないということを堂々とオープンにしたっていいわけでしょう。そういうことなんですよ。

　要するに、税務調査というのはあくまで事実証拠、資料に基づいてやるべきでありまして、何か誘導的に、これ書いたら、済みませんと一言書けば税金安くなるかもしれないよなんて言って、書かせておいて、書かせておいて、何か自白、自白を取っておいて、もう自白に基

づいて有罪にしちゃうような、そんなことに使われていたわけでございます、一関の場合はですね。こんなことが横行したら大変でございまして、**7年遡られて重加算税**なんていったらもう大変な話でございますから。

　最近、その**重加算税が乱発されております。物すごい増えております**。若い税務署員は何を考えているのか、**重加算税を取ってくることが自分たちの成績になると張り切っちゃっている**んですね。どんな教育しているのかと思いますけれども。悪質な人を本当に摘発するならそれはいいことでございますけれども、こういうちょっとグレーゾーンというか、ちょっとこれは引っかけられるかなみたいなところに**念書書かせて重加算税**と、これがやられたら大変なことになるわけでございます。一関の場合は現場の運動と、私もかかわらせてもらって是正することができましたけれど、全国的にこんなことやられたら大変なことになるわけでございます。

　最後に、財務大臣に伺いますけど、申告の間違いは正さなきゃいけませんし、修正申告をやって納税するというのは当たり前のことでございます。私が言っているのは、そういう普通の間違いの場合も、済みませんとか反省しましたという言葉を書かせたら、もうこれは後で争いになっても勝てると、本人がそう認めたんだということでこの**重加算税**とか**七年**遡ると、こんなことをやられたら大変なことになると思いますから、こういうことが横行しないように、ちょっと財務大臣から国税庁をちょっとちゃんと指導してもらいたいなと思いますけど、いかがですか。

〇委員長（尾立源幸君）　岡本次長、まず先に。

〇政府参考人（岡本榮一君）　重加算税の賦課についてのお尋ねでございますが、個々の調査事案の実情に即して、事実関係の正確性を期するために、納税者等の協力と理解を得てできる限りの証拠収集を

Ⅴ　重加算税の事例検討と税務調査対策

行って、もちろん納税者から提出された文書のみならず調査の過程で収集した資料を総合的に判断して、仮装又は隠蔽の事実について適切に賦課しているところでございます。
○国務大臣（安住淳君）　やっぱり、納税者の皆さんから納得をして納税をしていただくというのが基本だと思います。ですから、そうした原点を忘れないでやります。やってもらうように私の方からも申し上げたいと思いますし、事実を立証して、それを、十分な証拠を持って対応しなさいということだと思うんですね。その努力を、研さんを積み重ねていくと。できるだけ御指摘のような減額処理をこちらがしないといけないような事例をなくしていくということを、私の方からも国税庁の方に申し上げたいと思います。
○大門実紀史君　終わります。

　論点満載の国会質問ですが、重加算税に絞って事実関係を簡潔にまとめてみます。
　① 　調査官は納税者に申述書を書かせる。（税務署長あて申述書の効用一覧表P208参照）
　② 　それに基づき、7年に遡って、重加算税を賦課決定する。
　③ 　国会議員が介入する。
　④ 　税務署は減額更正を行い、重加算税の賦課決定処分を取消した。

　税務署が重加算税の賦課決定処分を取消したということは、「隠ぺい・仮装」の証拠を掴まずに、申述書だけで重加算税対象として処理したのでしょう。繰返しになりますが、申述書や聴取書は、「隠ぺい・仮装」の事実を示す直接的な証拠にはなりません。税理士は、依頼者である納税者を守るために、このことを十分に理解す

るべきです。

| 申述書・聴取書・確認書　→　事実の隠ぺい・仮装の直接的な証拠書類とはならない |

　仮に、この養鶏業者が経費について記帳せずに概算で計上していたとしても、調査官は、売上に対応する経費を、単純に一律に否認することはできません。きちんと帳簿を付けない事業者に対する税務調査で、正しい所得を把握することや、「隠ぺい・仮装」の事実を掴むことは大変難しいです。帳簿がない事業者は、きちんと帳簿をつけている業者に比べて、調査官に対して有利な立場に立ち、重加算税を賦課される可能性も低くなります。

　以上の考察により、設例20は、調査官は隠ぺい・仮装の証拠を示していないので、重加算税を賦課することはできません。

## 4　非違項目別の重加算税の検討

　法人税調査で重加算税を指摘された場合のポイントを、非違項目別に簡単にまとめます。

### (1)　売上除外（売上の計上がなく、売上代金の入金処理もない場合）との指摘

　原則として隠ぺい・仮装があったと判断され、調査官は当然に重加算税対象の非違として調査展開します。人、物、書類、お金の動きの中で、隠ぺい・仮装の痕跡が出てくるものです。しかし、うっかりミスであれば、必ずしも重加算税対象とはならないので、売上を意図的に除外したのでなければ、その旨をしっかりと主張するべ

きです。

### (2) 架空原価、経費（取引自体が存在しない場合）の指摘

一般的には隠ぺい・仮装があったと判断され、調査官は損益科目（架空原価）に対する貸借科目の検討を進めます。貸借科目には、給与、現金、交際費、寄付金、仕入、外注費、資産、使途秘匿金、貸付金等がありますが、科目によっては増差所得がなくなることもあるので、調査官の言うがままになることは禁物であり、真実をベースに調査における貸借科目を確定しなくてはなりません。

実際の報道を基に検討します。この事案は、重加算税の対象となった所得が巨額であり、貸借科目を考えながら記事を読むと、より深く理解できます。（交際費と給与と賞与 P 45 参照）

**【調査事案1】架空経費の計上等とされた事案**

---

### Ａ新聞社巨額の所得隠し—支社長を停職処分

　Ａ新聞社（東京）は、国税局の税務調査を受け、Ｘ年3月期までの5年間で、支社幹部社員のカラ出張による架空経費の計上など約4億円の所得隠しを含む約5億円の申告漏れを指摘されたことを明らかにするとともに、架空経費の計上に関与したとされる支社長を停職処分に、その他幹部社員を減給処分にした。

　Ａ新聞社によると、国税局は取引先との諸経費の一部を経費と認めず、課税対象の「交際費」と認定したほか、出張費の過大計上を指摘し、カラ出張などによる架空経費と判断したという。

---

## 【検　討】

　こうした事案は、ニュースなどでよく見かけますが、ここでは、支社長が、何故「停職」処分になったのか、がポイントです。

　国税局が取引先との諸経費を「交際費」と認定したとされますが、具体的にはどのような取引だったのでしょうか。取材した相手にお金を支払ったが不相当に高額だった、あるいは、取引先の担当者に謝礼を支払った、帳簿上取材費に計上したが、実際には飲食の費用だった、などが考えられます。

　取引相手先へのカラ出張費の一部が架空経費と判断されたが、その使途は記事に書かれていません。飲食等の交際費、裏金、使途秘匿金等が考えられます。

　しかし、捻出した資金をＡ新聞社の業務のために使っていたと仮定したら、「停職」という重い処分をしたでしょうか。横領行為があった可能性が高いです。もし、支社長が捻出した資金を個人的に費消あるいは蓄財していたと仮定すれば、次の貸借科目が考えられます。

①　給与認容……この場合、法人税の増差所得はなくなる。
②　横領として扱う。（横領による売上除外Ｐ115参照）
③　資産受入……私的に蓄えた資産をＡ新聞社の資産として受け入れる。
④　貸付金…支社長に対する貸付金として処理する。

　実際にどのように処理されたか判りませんが、一般論として、大企業においては①と②の処理に至る事例は少ないと思われます。

　横領行為の実行行為者は、会社のお金を横領したと認定されると、会社及び同僚への裏切り行為となり、場合によっては刑事事件にな

## V 重加算税の事例検討と税務調査対策

るため、そのような認定は絶対に避けようとします。また、給与として処理されると、社内的には横領を認めたことになってしまいます。したがって、架空経費で捻出した資金は、会社のために使った、あるいは、会社のために蓄財した、と主張する可能性が高くなります。

　会社も、金額にもよりますが、幹部社員の横領行為は表ざたにすることを避けるはずです。横領行為が世間の知れるところとなり、その意に反して煩雑な司法手続きを行うことになれば、長期間にわたり世間を騒がせ、脱税以上に会社の信用は失墜します。また、このような行為ができる社員は得てして有能なことが多く、会社のマル秘情報を把握している可能性も高く、当該社員を追い詰めれば、返り血を浴びかねません。

　調査官は、給与を認容する処理は避けようとします。架空経費を重加算税対象として否認しても、給与で認容されれば、法人税の増差所得はなくなり、重加算税を賦課することができなくなるからです（ただし、源泉所得税を重加算税対象として追徴課税することができます）。時間をかけ苦労して調査した成果が水泡に帰してしまいます。また、調査官から横領だと認定することはありません。彼は税務調査をしているのであって、横領行為を摘発する必要はないし、その権限もありません。

　なお、本事案では、調査官は法人税の脱税の意図を立証していないと想定されるので、私見では、「偽りその他不正の行為」には該当しません。

| 事実の隠ぺい・仮装 | ≠ | 偽りその他不正の行為 |

### (3) 棚卸除外との指摘

　棚卸の計上もれは、意図的だったとしても、棚卸表の改ざん、破棄などの隠ぺい・仮装と評価される事実が伴わない限り、重加算税対象とはなりません。調査官から重加算税対象と指摘されたならば、その根拠となる証ひょう等を提出させ、そこに隠ぺい・仮装の事実があるのかを検討します。調査官の求めに応じて、棚卸を除外した旨の申述書を提出したとしても、それは隠ぺい・仮装を示す直接の証拠とはなりません。

### (4) 売上、雑収入の繰延計上、費用の繰上計上が重加算税対象となるとの指摘

　事実の隠ぺい・仮装がないのに重加算税を賦課される恐れがあるので、事例検討をよく理解してください。特に、一筆重加（納税者が、税務署長あての申述書に利益調整したと記載し、その書面だけを根拠に重加算税を賦課すること）またはそれに近い調査展開には十分な注意を要します。

### (5) 不当に税負担を免れる取引、契約（売買、業務委託、外注等）

　節税を目的とした契約が税務上否認されたとしても、隠ぺい・仮装の事実は認められないので、過少申告加算税の対象となります。

　しかし、契約内容と実際の取引が異なれば、契約書そのものが仮装だと認定され、重加算税を賦課される恐れが高くなります。調査事例を紹介します。

Ⅴ　重加算税の事例検討と税務調査対策

**【調査事案2】所得隠しとされた事案**（ただし、審査請求で認容）

### 川崎汽船事件

　川崎汽船は、租税回避地であるパナマに子会社があり、タックス・ヘイブン対策税制に基づき、当該子会社の所得を合算して、日本で申告納税をした。税務当局は、税務調査で次のように事実認定し、64億円の申告もれ（うち16億円は重加算税対象）を指摘された。

① パナマの子会社は、日本の造船会社にタンカーの建造を発注し、契約した。
② 契約後鋼材価格が上昇したので、造船会社は、契約金額の上乗せを要求した。
③ 交渉の結果、契約金額への上乗せで合意した。
④ パナマの子会社は、上乗せ分を経費（減価償却費）に計上した。

　税務当局は、「再交渉で合意したことが『虚偽』であり、上乗せ分は、経費の水増し」と判断し、重加算税の対象として処理した。

　これに対して、川崎汽船は、「通常の商取引による契約金額の見直しであり、税務当局と大きな隔たりがある。到底承服できる内容ではなく、国税不服審判所で正当性を主張する」とした。

　この調査事案は、契約価格の見直しが通常の取引によるものか、利益調整のためなのかがポイントです。

　税務当局は、再交渉で合意したことが「虚偽」としているが、交渉での合意を「虚偽」と認定することは、大変なことです。調査官が、この事実認定に至るには膨大な時間と緻密な調査を要したでしょう。そして、「仮装・隠ぺい」を示す何かを把握したはずです。それがなければ、独立した法人間の「合意」を税務上否定すること

は、困難です。もし、否定できたとしても、「事実の隠ぺい・仮装」を示すものがなければ、「過少申告加算税」の対象にしかなりません。

平成24年5月に川崎汽船事件の裁決（平成23年12月14日付）結果が明らかにされました。

> 平成23年12月14日裁決
> 　　　　【情報公開法第9条第1項による開示情報】
> 　本件契約船価値上げの合意は通常の取引交渉によって形成された当事者の真意に基づく合意であると認められるから、請求人（川崎汽船）がこれを前提に減価償却費を算定したことは、重加算税の計算の基礎となるべき事実の隠ぺい、仮装に該当しない。

大阪国税不服審判所は、船価値上げの合意が、通常の取引交渉によって形成された当事者の真意に基づく合意である、と認定したことになります。ということは、調査を担当した調査官は、「隠ぺい・仮装」を示す何かを把握せずに、重加算税賦課に向けて暴走したこととなり、世間一般からは、行き過ぎた税務調査と思われるでしょう。

しかし、事実の「隠ぺい・仮装」を把握するためには、調査官の税務調査に対する前向きの姿勢と、多大な努力と、綿密な理論構成が必要となります。そして、独立した法人間の「合意」を否定するという事実認定は、納税者と調査官の真剣なやり取りから、紙一重のところで行われます。裁決により原処分が取消されたことをもって税務当局を非難することは簡単ですが、税務調査とは本来そのようなものだと、私は理解しています。

しかしながら、裁決文書の次の部分を読むと、もともと隠ぺい・

## Ⅴ 重加算税の事例検討と税務調査対策

仮装などなかった、税理士は重加算税を賦課決定されないように、国税当局との折衝をもう少し頑張るべきだった、との思いを強くします。

> 　税務調査の過程において、請求人の社屋に臨場した調査担当者が、応対した請求人の従業員らに対して、**怒りをあらわにしたり、隣室で開催中の会議に支障を来たすほどの怒声を発したり**した様子がうかがわれるのみならず、請求人の担当従業員に**調査担当者の認識に添った内容の確認書を作成させたり**、一部**客観的事実に反する内容の回答を引き出したり**した様子がうかがわれるのであって、当該税務調査において、調査担当者の認識に沿う方向に進めようとして、いささか**強引で、威圧的・誘導的な手法**に訴える場面があった様子がうかがえるところであるが、臨場調査は、主に請求人の会議室で行われており、密室状態で行われたものではなく、当該税務調査が税務職員の権限を背景とした威圧的な雰囲気の下で行われたとしても、請求人において組織的に対応できる機会は十分に存したものということができる。そうであるとすれば、本件更正処分等に係る税務調査手続をもって、直ちに違法又は不当なものとまではいうことができない。

　川崎汽船事件は、隠ぺい・仮装の証拠がない、いわゆる一筆重加の調査事案でした。しかも、その一筆の内容が真実ではなかったのだから、やはり、調査官は暴走してしまったのです。その暴走を許した国税組織、調査の過程で事実に反する内容の確認書を作成してしまった調査法人、調査官及び国税組織を説得し切れなかった税理士、それらが重なって違法な重加算税の賦課決定に結びついてしまったのでしょう。

| 申述書・聴取書・確認書 → | 事実の隠ぺい・仮装の直接的な証拠書類とはならない |

(6) 科目仮装（帳簿上の計上科目が相違している場合）

隠ぺい・仮装の事実はありません。計上科目が相違した経緯が判るメモ等が把握されたときは、その内容によっては科目仮装として重加算税対象となることもあります。

(7) 租税回避スキーム

通説判例では、同族会社の行為計算の否認規定（法人税法132条）のような条文が適用されない限り、否認されません（武富士事件、P171）。ただし、そのスキームと実際の取引とに相違があるときは、否認される恐れがあり、そこに事実の隠ぺい・仮装があれば、重加算税対象となります。

## 5 重加算税との指摘への対応方法

税務調査で把握された非違事項について、重加算税対象になると言われたときの対処方法は、一にも二にも、隠ぺい・仮装の事実の確認です。国税通則法第68条の要件に該当するか否かを考えるべきであり、脱税の意思を持ち出すと、正しい判断ができなくなります。

任意調査で調査官が、法人税法159条の「偽りその他不正の行為」を問題にしているのであれば、利益調整して申し訳ない、とか、

Ⅴ 重加算税の事例検討と税務調査対策

脱税して反省している、とか申し立ればよいのです。しかし、それは重加算税とは別の話になります。両者を混同して議論していると、隠ぺい・仮装行為がないのに重加算税を賦課されてしまうかもしれません。

　重加算税との指摘に対しては、具体的には次のように検討します。

(1) **事実関係の検証**
　税務調査における真実は2つあると思います。1つは事実関係そのもの、2つ目は調査結果における真実です。税務調査には終着点があり、税務当局と納税者はどこかで折り合いをつけています。大切なことは折り合いをつける前に、事実関係をそのものを徹底的に検証して、そのどこに隠ぺい・仮装があるのかを明確にすることです。

(2) **事務運営指針（重加算税の取扱い・青色申告の取消し）のチェック**
　調査官は、事務運営指針に反する処理はできません。隠ぺい・仮装と指摘された行為が、事務運営指針のどこに該当するのか重加算税のマトリックス図（P108）を参照しながら、念入りに読み込みます。
　また、青色取消に該当するのか否かも検討します。隠ぺい・仮装の場合における青色申告の承認の取消しの概要は次のとおりです。

---

**青色申告の承認を取り消す場合**

　　不正所得　＞　本来の所得金額　×　50％

かつ　不正所得　≧　500万円

ただし、次の場合は取消しを見合せます

① 　その事業年度前7年以内に青色申告の取消しを受けてないこと
② 　その事業年度前7年以内の
　　税務調査での不正所得金額　＜　500万円
③ 　今後は適正な申告をする旨の申出があること

　青色申告の承認が取り消されると納税者に極めて大きな不利益が生じるので、取消しを避ける対策を講ずる必要があります。以下、事務運営指針の全文を掲載します。なお、特に重要な点については、**太字**にしてあります。

## 法人の青色申告の承認の取消しについて
## （事務運営指針）

1　帳簿書類を提示しない場合における青色申告の承認の取消し
（取消事由の該当条項）

(1)　法第127条第1項第1号に規定する帳簿書類の備付け、記録又は保存（以下「帳簿書類の備付け等」という。）とは、単に物理的に帳簿書類が存在することのみを意味するにとどまらず、これを税務職員に提示することを含むものである。したがって、税務調査に当たり帳簿書類の提示を求めたにもかかわらず調査対象者である法人がその提示を拒否した場合には、当該拒否は同号に規定する青色申告の承認の取消事由に該当することになり、その提示がされなかった事業年度のうち最も古い事業年度以後の事業年度について、その承認を取り消す。なお、帳簿書類の提示がない場合には、青色申告の承認の取消事由に該当する旨を告げて、帳簿書類を提示して

Ⅴ 重加算税の事例検討と税務調査対策

調査に応ずるよう再三再四その説得に努める。
　この場合、調査対象者に対する説明等の応答の経過は、詳細に記録しておくことに留意する。
**(取消通知書の記載事項)**
(2)　青色申告の承認取消通知書に記載する取消事由は、例えば「自平成〇年〇月〇日至平成〇年〇月〇日事業年度分の法人税の調査に関し必要がありましたので、平成〇年〇月〇日、…同月〇日及び同年〇月〇日の〇回にわたり、当税務署の調査担当職員が貴社の本店事務所において貴社代表取締役〇〇〇〇に帳簿書類の提示を求めたところ、その提示がありませんでした。このことは、青色申告に係る帳簿書類の備付け、記録又は保存が法人税法第126条第1項に定めるところに従って行われていないことになります。したがって、法人税法第127条第1項第1号に該当しますので青色申告の承認を取り消します。」のように、取消しの基因となった事実を具体的に記載する。
**(取消処分後の帳簿書類の提示)**
(3)　法人が帳簿書類を提示しなかったことにより青色申告の承認取消処分がなされた後、当該処分に係る不服申立て等の段階で帳簿書類の備付け等がされていることを示すために帳簿書類が提示されたとしても、このことによって、原処分の効力に影響を与えるものではない。

**2　税務署長の指示に従わない場合における青色申告の承認の取消し**
　帳簿書類の備付け等について法人が法第126条第2項の規定による税務署長の指示に従わない場合には、法第127条第1項第2号の取消事由に該当することとなるが、この場合、当該指示に係る事業年度以後の事業年度について、その承認を取り消す。

なお、指示に従わない場合には、青色申告の承認の取消事由に該当する旨を告げて、当該指示に応ずるようその説得に努め、その上でなお指示に従わない場合にその承認を取り消すものとする。

## 3　隠ぺい、仮装等の場合における青色申告の承認の取消し
(青色申告の承認を取り消す場合)
(1)　青色申告の承認を受けている法人につき、次のいずれかに該当する場合には、(5)の場合を除き、法第127条第1項第3号の規定によりその該当することとなった事業年度以後の事業年度について、その承認を取り消す。

**イ**　無申告のために所得金額の決定をした場合又は所得金額の更正をした場合において、その事業年度の当該決定又は更正後の所得金額(以下「更正所得金額」という。)のうち隠ぺい又は仮装の事実に基づく所得金額(以下「不正所得金額」という。)が、当該更正所得金額の50％に相当する金額を超えるとき(当該不正所得金額が500万円に満たないときを除く。)。

**ロ**　欠損金額を減額する更正(所得金額があることとなる更正を含む。)をした場合において、その事業年度の当該更正により減少した部分の欠損金額(所得金額があることとなる更正の場合にあっては、当該所得金額を加算した金額)のうち隠ぺい又は仮装の事実に基づく金額(以下「不正欠損金額」という。)が、当初の申告に係る欠損金額(所得金額があることとなる更正の場合にあっては、当該所得金額を加算した金額。以下「申告欠損金額」という。)の50％に相当する金額を超えるとき(当該不正欠損金額が500万円に満たないときを除く。)。

**ハ**　帳簿書類への記載等が不十分である等のため、法第131条(法第147条において準用する場合を含む。)の規定による推計によ

らなければ適正な所得金額の計算ができないと認められる状況にある場合
　　(注)　法第127条第1項第1号又は第2号の規定に該当する場合には、この基準にかかわらずその承認の取消しをするのであるから留意する。

**(修正申告等があった場合の取消し)**

(2)　国税通則法(以下「通則法」という。)第18条又は第19条の規定による期限後申告書又は修正申告書の提出があった場合において、これらの申告書の提出が、調査があったことにより決定又は更正がされるべきことを予知してされたものであるときは、それぞれその期限後申告又は修正申告後の所得金額又は欠損金額につき決定又は更正があったものとして(1)のイ又はロの取扱いを適用する。

**(更正所得金額等)**

(3)　(1)のイ又はロの取扱いを適用する場合において、その事業年度の所得金額の計算上次に掲げる金額があるときは、これらの取扱いにおける更正所得金額又は申告欠損金額は、それぞれ次に掲げる金額による。
　①　法第57条の規定による青色申告法人に係る繰越欠損金の金額　当該金額の損金算入をしないで計算した金額
　②　青色申告法人に限り損金算入をすることができる金額(①の繰越欠損金の損金　算入額を除く。)　当該金額の損金算入をしたものとして計算した金額

**(再更正を行った場合の取消基準の適用)**

(4)　再更正を行った事業年度における(1)のイ又はロの取扱いに該当するかどうかの判定については、当該再更正による不正所得金額又は不正欠損金額のみによるのではなく、その事業年度についての不正所得金額又は不正欠損金額の総額を基礎として判定する。

(注) 修正申告書の提出があった場合において、(2)の取扱いが適用されるときも同様とする。

**(適正申告の申出等があった場合の取消しの見合せ)**
(5) (1)のイ又はロに該当する場合であっても、**その事業年度前7年以内の各事業年度につき次のいずれの要件も満たし、かつ、今後適正な申告をする旨の当該法人からの申出等があるときは、青色申告の承認の取消しを見合わせる。**
① 青色申告承認取消処分を受けていないこと。
② 既往の調査に係る不正所得金額又は不正欠損金額が 500 万円に満たないこと。

**(2 期以上同時処理の場合の取消基準)**
(6) 2期以上の各事業年度について同時処理をする場合において、(1)から(4)までの取扱いは、その同時処理をした各事業年度ごとに判定するのであるが、(5)の①及び②の要件を満たすか否かに係る取扱いの適用については、当該同時処理をした事業年度のうち最後の事業年度前7年以内の各事業年度において当該①及び②に掲げる要件を満たすか否かにより判定する。

**(取消年度前の事業年度の青色申告の取消し)**
(7) 青色申告の承認の取消しをした後において、更にその取消しをした事業年度前の事業年度について(1)のイからハまでに掲げる場合に該当することが明らかになったときには、その明らかになった事業年度にさかのぼって当該事業年度以後の事業年度についてその承認を取り消す。

## 4 無申告又は期限後申告の場合における青色申告の承認の取消し

法第 127 条第 1 項第 4 号の規定による取消しは、2 事業年度連続して期限内に申告書の提出がない場合に行うものとする。この場合、当

Ⅴ 重加算税の事例検討と税務調査対策

該２事業年度目の事業年度以後の事業年度について、その承認を取り消す。

## 5 相当の事情がある場合の個別的な取扱い

青色申告の承認の取消しは、青色申告制度の趣旨から真に青色申告書を提出するにふさわしくないと認められる場合に行うものであるから、次に掲げる事情があるものについては、3（1）若しくは（5）又は4にかかわらず、所轄国税局長と協議の上その事案に応じた処理を行うものとする。

① 3（1）により青色申告の承認の取消しをすべき事実がある場合（3（5）によりその取消しをしない場合を除く。）又は4に該当する場合においても、**役員その他相当の権限を有する地位に就いている者が知り得なかったこともやむを得ないと認められるなどその事実の発生について特別な事情があり、かつ、再発防止のための監査体制を強化する等今後の適正な記帳及び申告が期待できるなど、取消しをしないことが相当と認められるもの**

② 3（1）若しくは4に該当しない場合又は3（5）に該当する場合においても、二重帳簿を作成する等の方法により計画的に取引の一部を正規の帳簿に記載していない、直前の調査において3（5）の申出等を行った後も引き続き取引の全部又は一部を隠ぺい又は仮装して帳簿書類を作成している、3（1）又は（5）の取消しに係る形式基準を回避するために当該基準を僅かに下回る過少申告を毎事業年度継続して行っている等、当該法人の帳簿書類の記録の状況、申告書の提出状況等からみて法第127条第１項第３号又は第４号の規定により取消しをすることが相当と認められるもの

> 6　電子帳簿保存の承認の取消しと青色申告の承認の取消し
>
> 　電子計算機を使用して作成する国税関係帳簿書類の保存方法等の特例に関する法律第8条の規定に基づき電磁的記録による保存等の承認の取消しが行われた場合には、その取消しに伴い同法第11条第3項の規定により読み替えられた法第127条第1項第1号の規定に基づき、青色申告の承認の取消しを行うことができることになる。
>
> 　この場合、取消しに当たっては、電磁的記録に代わる紙等による備付け又は保存（電磁的記録による保存等の承認の取消しに伴う臨時的な出力を含む。）の有無とその程度、電磁的記録の今後の出力と保存の方法、真に青色申告書を提出するにふさわしいと認められるかどうか等を検討した上、法第127条第1項の規定の適用を判断する。

### (3)　処分（貸借科目）の検討

　調査官が指摘した非違事項について、現金が社外に流出するケースの場合、その現金の使途を慎重に確認しなくてはなりません。簿外経費等に費消されていれば、増差所得は発生しないケースもあり、その場合は重加算税も賦課されないことになります。処分に関する調査官の指摘に対して、安易に納得せず、事実関係をきちんと検証しなければなりません（ガラパゴス化の事例検討 P 45 参照）。

### (4)　税務当局の意向

　極めて現実的な話となりますが、調査官が何を欲しているのかを見極める必要があります。件数処理、増差所得金額、重加算税額、重加対象件数あるいは早く調査を終わらせたい、徹底的に調査したい等々。調査を終わらせるための駆け引きの中で、より有利な道を

Ⅴ　重加算税の事例検討と税務調査対策

選択するよう努めます。

(5) **聴取書、申述書等への対応**

　申述書、聴取書は、帳簿や原始記録などの既存の書類の検査だけでは十分事実関係の解明ができないときに、事実関係の正確な把握のために作成する書類です。法律上の根拠はありませんが、質問検査の必要があり、かつ、これと相手方の私的利益との衡量において社会通念上相当な程度にとどまる限り、権限ある税務職員の合理的な選択に委ねられているものと解されています。ただし、税務調査での申述書は、法律の根拠がないので違法だ、との主張もあります。（一関税務署事件　参議院会議録 P 181）

　申述書等の文案は、通常は調査官のストーリーに基づき作成されます。そのストーリーが事実であればよいのですが、その場の雰囲気で深く検討することなく署名押印してはいけません。特に、申述書に「除外」、「仮装」といった言葉が入っていた場合、それに署名押印すれば、隠ぺい・仮装を認めたことになりかねません。調査官の求めに応じて署名押印すると、その場は楽になりますが、後で苦しむことになります。事実関係に誤りがないか確認し、事実と異なる記載があれば訂正させ、熟読吟味して納得してから、署名押印しましょう（【事例3】P 140 参照）。

　聴取書、申述書等を作成することのメリットは次のとおりです。

【税務署長あて申述書の効用一覧表】

| 調査官のメリット | 納税者のメリット |
|---|---|
| 事実関係の一貫性を保てる | 事実関係を証拠なしに確定できる |
| 調査するべきことを省略できる | 不必要な反面調査を回避できる |
| 時間を節約できる | 調査が早く終わる |
| 復命・決裁が楽になる | 社内外への影響を抑えられる |
| トラブル防止になる | 楽になる（ただし、その場限り） |
| 重加算税を賦課しやすくなる | 折衝材料ができる |

調査官のメリットである、「調査するべきことを省略できる」とはどういう意味か、裁決事例を通して説明します。

C ▼裁決事例集 No.64-102頁 平成14年12月19日裁決

　請求人は、本件送金額につき、正当な取引価額に上乗せして本件取引先から支払を受けた預り金を返金したものであり、それを売上及び販売手数料にしたとしても課税標準額に影響せず、また、本件仲介契約書は、不慣れな担当者が社内説明のために作成したもので、脱税の目的のために作成されたものではないから、本件金員に係る**重加算税の賦課**（原処分）は違法である旨主張する。

　しかしながら、本件取引に係る売買契約書、当時の取引担当者の**答述**等によると、請求人は、本件送金額について、本件取引の仲介の対価でなく、本件取引先の関係人個人に対して支払われる**謝礼金**であるとの認識を持ちながら、虚偽の仲介契約書を作成することにより、あたかも販売手数料を支出したかのように装って損金経理し、その結果、

# Ⅴ 重加算税の事例検討と税務調査対策

> 確定申告において交際費課税を免れたものと認められ、請求人のこれらの行為は、隠ぺい又は仮装の事実に基づいて納税申告書を提出していたときに該当するため、原処分は適法である。

当該取引を単純化して図示します。

定価100万円の商品を150万円で売って、差額50万円を売上先の関係人に手数料として支払った、ということです。調査官は手数料ではなく交際費であると認定し、仲介契約書が虚偽であるとして、重加算税を賦課しました。

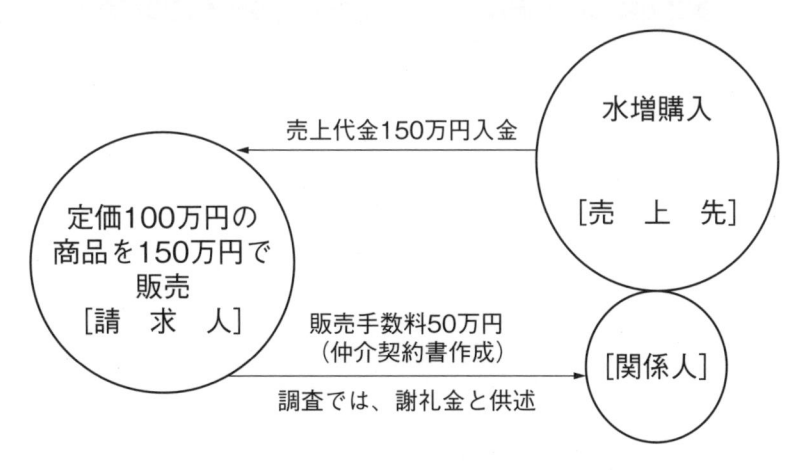

```
                                    ┌─────────┐
                                    │ 水増購入 │
                    売上代金150万円入金  │         │
       ┌──────────┐  ←───────────   │ ［売上先］│
       │定価100万円の│                 └─────────┘
       │商品を150万円で│
       │   販売    │
       │ ［請求人］ │   販売手数料50万円      ┌────────┐
       └──────────┘  ───────────→   │［関係人］│
                    （仲介契約書作成）       └────────┘
                    調査では、謝礼金と供述
```

この調査では、答述等（恐らく申述書か聴取書）が決定的な役割を果たしています。販売手数料50万円は、何故交際費なのでしょうか。いろいろな意味合いがミックスしたものかもしれません。謝礼、手数料、寄附、貸付、返済、工作費、役員報酬、その他の簿外経費等。担当者本人でさえも、どういった趣旨の50万円なのかよく判ってないことがあります。

それが曖昧なままでは修正仕訳ができず、更正もできません。調

209

査官は 50 万円の性格を解明するための果てしない調査を続けなくてはなりません。しかし、担当者の答述があればその必要性がなくなります。

　担当者が謝礼と認めたことにより、増差所得が発生し、重加案税対象の科目仮装交際費が確定したのです。

　なお、仲介契約書が仮装であったとしても、調査官は脱税の意図を立証していないので、「偽りその他の不正行為」には該当しません。

> 事実の隠ぺい・仮装　　≠　　偽りその他不正の行為

# VI 租税罰の概要と意義

## 1 租税罰の概要

　租税の確定・徴収および納付に直接的に関連する犯罪を租税犯といい、それに対する刑罰を租税罰といいます。

　税に関する制裁をまとめると、講学上、次の図のように分類されます。脱税は、もともと行政罰に分類されていたが、現在では、脱税の反道徳性が重視され、刑事罰に属するものと解されています。

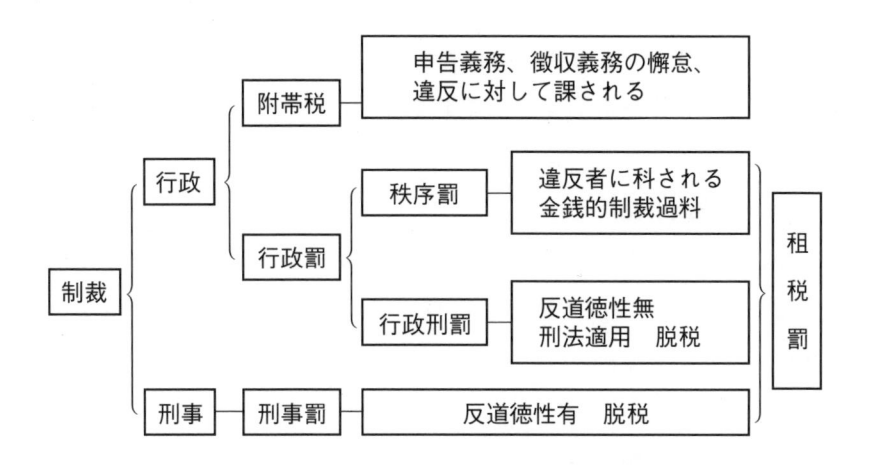

```
                  ┌─ 附帯税 ── 申告義務、徴収義務の懈怠、
                  │           違反に対して課される
          ┌─ 行政 ─┤                                        ┐
          │       │         ┌─ 秩序罰 ── 違反者に科される    │
          │       └─ 行政罰 ─┤           金銭的制裁過料      │
制裁 ─────┤                 │                              ├─ 租税罰
          │                 └─ 行政刑罰 ── 反道徳性無        │
          │                              刑法適用 脱税      │
          └─ 刑事 ── 刑事罰 ── 反道徳性有 脱税               ┘
```

## 2 租税犯の分類

租税犯は、租税債権を直接的に侵害する脱税犯と、課税、徴収の権限の行使を妨害する租税危害犯（租税秩序犯）とに分類されます。

(1) **逋 脱 犯**

納税義務者または徴収義務者がが、偽りその他不正な行為により税を逃れまたは税の還付を受けたことを構成要件とする犯罪です（法人税法、所得税法、相続税法、消費税法など）。

(2) **間接脱税犯**

外国貨物の密輸入、酒類の密造のように、租税収入を確保するために特定の行為が一般的に禁止されている場合に、許可を受けずにその行為をすることを構成要件とする犯罪です（関税法、酒税法）。予備および未遂も罰せられます。

(3) **不 納 付 犯**

徴収納付義務者が徴収して納付すべき租税を法定納期限までに納付しないことを構成要件とする犯罪です（所得税法、地方税法など）。

(4) **滞納処分免脱犯**

滞納処分の執行を免れる目的で財産を隠ぺい・損壊その他租税債権者の利益を妨害する行為をすることを構成要件とする犯罪です

(国税徴収法)。

　この法律による告発は、ここ 10 年程の間に行われるようになりました。国税局徴収部にある、いわゆる「特捜班」が実施するもので、意図的に財産の差押を免れようとする悪質な滞納者を検察に告発することを目指しています。

### (5) 租税危害（秩序）犯

　a　単純無申告犯

　　正当な理由なしに申告書を期限までに提出しないことを構成要件とする犯罪です（法人税法、所得税法、相続税法、消費税法など）。

　b　虚偽申告犯

　　申告書に虚偽の記載をすることを構成要件とする犯罪です（消費税法、酒税法など）。

　c　不徴収犯

　　徴収納付義務者が納税義務者から租税を徴収しないことを構成要件とする犯罪です（所得税法など）。

　d　検査拒否犯

　　税務職員の質問に答えない、虚偽の答えをする、検査を拒む、妨げる、忌避する、偽りの帳簿書類を提出することを構成要件とする犯罪です（国税通則法、国税徴収法、所得税法、法人税法など）。

## 3　偽りその他不正の行為の意義

　国税庁は、重加算税の対象となる隠ぺい・仮装行為については、「法人税の重加算税の取扱いについて（事務運営指針）」（P 100）を定めていますが、偽りその他不正の行為の具体的な内容についての同様の定めは見当たりません。判例等から、偽りその他不正の行偽には税金を免れる意図及び何らかの工作が必要である、と解されます。

> ★最高裁　昭和42年11月8日判決
>
> 　　　　　物品税法違反事件
>
> 　所論所得税、物品税の逋脱罪の構成要件である詐偽その他不正の行為とは、**逋脱の意図をもつて、その手段として税の賦課徴収を不能もしくは著しくは困難ならしめるようななんらかの偽計その他の工作を行なうこと**をいうものと解するのを相当とする。所論引用の判例が、不申告以外に詐偽その他不正の手段が積極的に行なわれることが必要であるとしているのは、単に申告をしないというだけでなく、そのほかに、右のようななんらかの偽計その他の工作が行なわれることを必要とする。

　なお、罰則規定における「偽りその他不正の行為」と除斥期間延長や延滞税の除算期間等における「偽りその他不正の行為」が同じ概念なのか否かが問題となります。私見ですが、前者は逋脱犯が成立する犯意が必要であり、後者は犯意に至らない脱税の意図が必要であると考えます。いずれにしても、国税庁の公式な見解が存在せ

Ⅵ 租税罰の概要と意義

ず、両者を明瞭に区分した判例も見当たらないことから、本書では両者を同じ概念のものとして取り扱っています。なお、この件に関しては、「附帯税の事例研究」(品川芳宣著)が参考になります(P73参照)。

▼裁決事例集　No. 15-1頁　昭和53年3月27日裁決

　国税通則法第70条第2項第4号（注70条5項）に規定する「偽りその他不正の行為」とは、**正当な納税義務を免れる行為で社会通念上不正と認められる一切の行為を含む**のであって、殊更に所得金額を過少に記載した内容虚偽の確定申告書を提出するいわゆる過少申告行為もこれに該当する。

　事実関係を3つの要素、
　　① 不正工作
　　② 脱税の意図
　　③ 税額の発生
に分解すると、否認事項が「偽りその他不正の行為」に該当するのか否かの判定が容易になります。なお、税額の発生とは、納税者に経済的な利得が実際に発生することを意味します。
　条文、判例より考察すると、下図のとおり、調査により否認事項が偽りその他不正の行為による脱税となるのは、
　　① 何らかの不正工作があり
　　② それが脱税を意図したものであり
　　③ 税額の発生を要する、
ということになります。

**【偽りその他不正の行為の3要素図】**

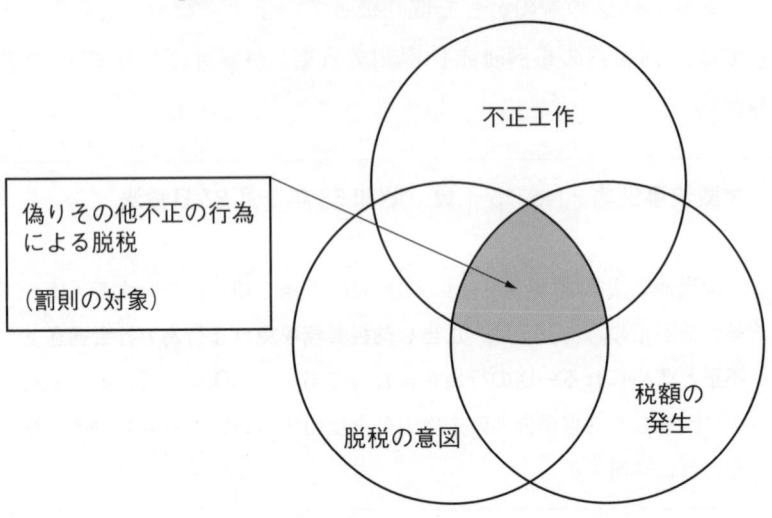

不正工作

偽りその他不正の行為による脱税

（罰則の対象）

脱税の意図

税額の発生

## 4　犯則所得

「偽りその他不正の行為による所得」で、脱税をする故意（以下「犯意」という）がある所得は犯則所得であり、犯意がない所得は「その他所得」となり、刑事罰の対象外となります。

> 偽りその他不正の行為による所得　＋　犯意　＝　犯則所得

◎　刑法

> （故意）
> 　第38条　罪を犯す意思がない行為は、罰しない。ただし、法律に特別の規定がある場合は、この限りでない。

Ⅵ 租税罰の概要と意義

## 5　更正の期間制限

　調査官も税理士も、重加算税対象に係る更正であれば、除斥期間が7年に延びると理解し、税務官庁でも同様に処理しているのではないでしょうか。しかし、国税通則法第70条（P 71）の条文上は、「偽りその他不正の行為」と規定され、「隠ぺい・仮装」の表現は出てきません。国税不服審判所で更正の期間制限を検討するときは、法律の条文通り、「偽りその他不正の行為」に基づき判断しています。

　なお、国税不服審判所では、7年間さかのぼる更正が行われた場合は、偽りその他不正の行為によらない否認事項、すなわち、過少申告加算税対象の否認事項も7年間分が更正対象となる、と裁決しています。

▼裁決事例集　No. 39-30頁　平成2年4月27日裁決

　国税通則法第70条第5項の規定は、「偽りその他不正の行為」によって国税の全部若しくは一部を免れた納税者がある場合、これに対して適正な課税を行うことができるように、同条第1項各号に掲げる更正又は賦課決定の除斥期間を同項の規定にかかわらず7年とすることを定めたものであるが、「偽りその他不正の行為」によって免れた税額に相当する部分のみにその適用範囲が限られるものではないと解されている。そうすると、「偽りその他不正の行為」によりその税額を免れていた本件リベート収入のみならず**「偽りその他不正の行為」に基づかずにその税額を免れていた本件給与についても、その法定申**

217

告期限から 7 年を経過する日まで更正できることは明らかである。

○　国会での附帯決議

　国税通則法の改正で更正・決定等の制限期間の延長が決議された際に、国会で、原則として高額、悪質な脱税者に限り調査するよう附帯決議されています。したがって、高額・悪質でない納税者が、税務調査で 7 年分更正されるような事態に至った時は、この国会決議を遵守するよう、主張しましょう。

　**参議院会議録**
　　**第 094 回国会　大蔵委員会　第 21 号**
昭和 56 年 5 月 15 日（金曜日）　午後零時 46 分開会
○**藤井裕久君**　私は、ただいま可決されました脱税に係る罰則の整備等を図るための国税関係法律の一部を改正する法律案に対し、各派共同提案による附帯決議案を提出いたします。
　案文を朗読いたします。
　　脱税に係る罰則の整備等を図るための国税関係法律の一部を改正する法律案に対する附帯決議（案）
　政府は、本法施行に当たり、次の事項について配慮すべきである。
一、脱税の調査に当たっては、法令の理解度、脱税の意思の程度等の相違に配慮し、納税者の立場をも十分尊重して対処すること。
一、**今回の改正により延長された更正・決定等の制限期間にかかる調査に当たっては、原則として高額、悪質な脱税者に限り、いたずらに調査対象、範囲を拡大するなど、中小企業者等に無用の混乱を生ずることのないよう特段の配慮をすること。**
一、所得発生の時期から相当期間経過して更正・決定等が行われる場

合、直ちに納税することが困難となる納税者を救済するため、納税緩和制度の弾力的運用に努めること。
一、保存期間が延長される青色申告者の帳簿書類の範囲については、中小企業者等に過重な負担とならないよう、最少限度のものとすること。
　右決議する。
　以上であります。
　委員各位の御賛成をお願いいたします。
○**委員長（中村太郎君）**　ただいまの藤井君提出の附帯決議案を議題とし、採決を行います。
　本附帯決議案に賛成の方は挙手を願います。
　　　〔賛成者挙手〕
○**委員長（中村太郎君）**　全会一致と認めます。よって、本附帯決議案は全会一致をもって本委員会の決議とすることに決定いたしました。
　ただいまの決議に対し、渡辺大蔵大臣から発言を求められておりますので、これを許します。渡辺大蔵大臣。
○**国務大臣（渡辺美智雄君）**　ただいま御決議いただきました事項につきましては、政府といたしましても御趣旨に沿って誠意を持って対処したいと存じます。
○**委員長（中村太郎君）**　なお、審査報告書の作成は、これを委員長に御一任願いたいと存じますが、御異議ございませんか。
　　　〔「異議なし」と呼ぶ者あり〕
○**委員長（中村太郎君）**　御異議ないと認め、さよう決定いたします。

　繰り返しますが、更正期間を7年遡ることと重加算税とは無関係です。更正期間を7年遡ることと隠ぺい・仮装は無関係です。したがって、調査官から、重加算税対象だから7年分更正すると言われ

たときは、認めてはいけません。なぜなら、重加算税対象だから7年間分を更正できるという法令、通達が見当たらないからです。

延滞税の控除期間については、「延滞税の計算期間の特例規定の取扱いについて」（P79）という通達があるので、その合法性は別にして、調査官サイドとしては、重加算税対象だから延滞税を免除しないという説明に根拠があることになります。

7年間に遡って更正すると言われたならば、調査官が指摘する否認事項が、「偽りその他不正の行為」に基づくものであること、及び、納税者が「高額、悪質な納税者」であることを立証してもらいましょう。この国会決議を知っている調査官は、恐らく皆無に近いです。調査官は、国会決議は法律でも通達でもないので考慮する必要はない、あるいは、調査対象者は高額、悪質な脱税者である、と主張し続けるかもしれません。調査官の腕の見せ所であり、税理士の腕の見せ所でもあります。

**【参議院会議録を加味した場合の更正、決定等の期間制限】**

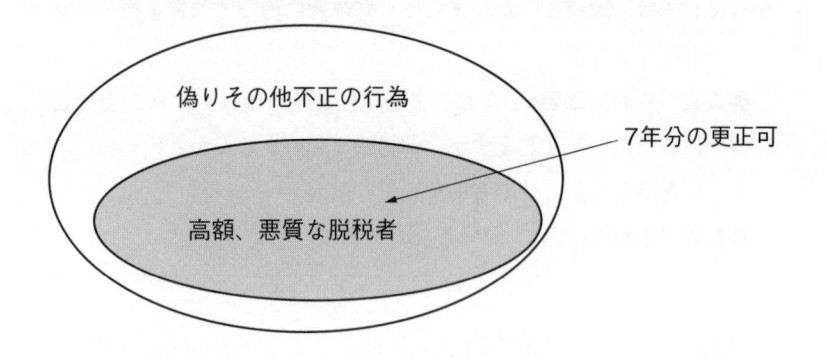

偽りその他不正の行為

7年分の更正可

高額、悪質な脱税者

## 6 延滞税の控除期間

　偽りその他不正の行為により国税を免れた場合（国税通則法61条　P 70）等を除き、次の場合には、一定の期間を延滞税の計算期間に含めないという特例があります。
　(1)　期限内申告書が提出されていて、法定申告期限後1年を経過してから修正申告又は更正があったとき。
　(2)　期限後申告書が提出されていて、その申告書提出後1年を経過してから修正申告又は更正があったとき。

　延滞税についても、重加算税に係る更正であれば控除期間はない、というのが調査官、税理士の常識であり、かつ、税務当局の実務での取扱いとなっています。しかし、そのような取扱いに法律上疑義があることは、すでに述べたとおりです。（問答事例　延滞税の控除期間 P 81参照）

## 7　重加算税と罰則との併科

　重加算税は納税義務違反の発生を防止し、もつて徴税の実を挙げようとする趣旨に出た行政上の措置であり、ほ脱犯に対する罰則は、違反者の不正行為の反社会性ないし反道徳性に着目してこれに対する制裁として科せられる刑事罰であり、同一の租税逋脱行為について重加算税のほかに刑罰を科しても憲法39条に違反しません。

**憲法（二重処罰の禁止）**

> 第39条　何人も、実行の時に適法であつた行為又は既に無罪とされた行為については、刑事上の責任を問はれない。又、同一の犯罪について、重ねて刑事上の責任を問はれない。

　なお、独占禁止法や証券取引法における行政措置である課徴金も、刑事罰と併科されています。

## Ⅵ 租税罰の概要と意義

> ★最高裁　昭和 33 年 4 月 30 日判決
>
> 　　　　法人税額更正決定取消等請求事件
>
> 　43 条の追徴税は、申告納税の実を挙げるために、本来の租税に附加して租税の形式により賦課せられるものであつて、これを課することが申告納税を怠つたものに対し制裁的意義を有することは否定し得ないところであるが、詐欺その他不正の行為により法人税を免れた場合に、その違反行為者および法人に科せられる同法 48 条 1 項および 51 条の罰金とは、その性質を異にするものと解すべきである。
>
> 　逋脱犯に対する刑罰が脱税者の不正行為の**反社会性ないし反道義性に着目し、これに対する制裁として科せられる**ものであるに反し、法 43 条の追徴税は、単に過少申告・不申告による納税義務違反の事実があれば、同条所定の已むを得ない事由のない限り、その違反の法人に対し課せられるものであり、これによつて、過少申告・不申告による**納税義務違反の発生を防止**し、以つて納税の実を挙げんとする趣旨に出でた**行政上の措置である**

最高裁昭和 45 年 9 月 11 日判決　P93　参照

　二重処罰の禁止は、査察を念頭に置くと理解しやすいです。犯則調査では、脱税に対して懲役又は罰金という刑罰を科すことを目的としているが、同時に、重加算税を賦課することが一般的です。重加算税を罰金としてとらえた場合は、憲法 39 条に違反することになります。

　通常の税務調査では、申告もれがあっても罰則の対象になることはないので、二重処罰が問題にはなることはなく、たとえ重加算税を罰金と位置づけたとしても憲法上の問題は生じません。しかし、

犯則調査と行政調査とで重加算税の意義を変えるわけにはいきません。

　税理士のブログ等の重加算税についての解説では、罰金の側面しか言及しないケースがほとんどです。しかし、それでは憲法違反の解説になってしまいます。重加算税制度は、ペナルティとしての側面も否定できないが、あくまでも「申告納税制度を守るための行政上の措置」である、と説明することによって、合憲とされるのです。

　なお、現行の重加算税の税率は35％〜40％と非常に高いです。もし、この税率が100％あるいは200％と大幅に引き上げられることがあれば、実質的には罰金と変わりないとの理由で、憲法39条に違反する可能性が高くなります。

Ⅵ 租税罰の概要と意義

【税務調査と二重処罰】

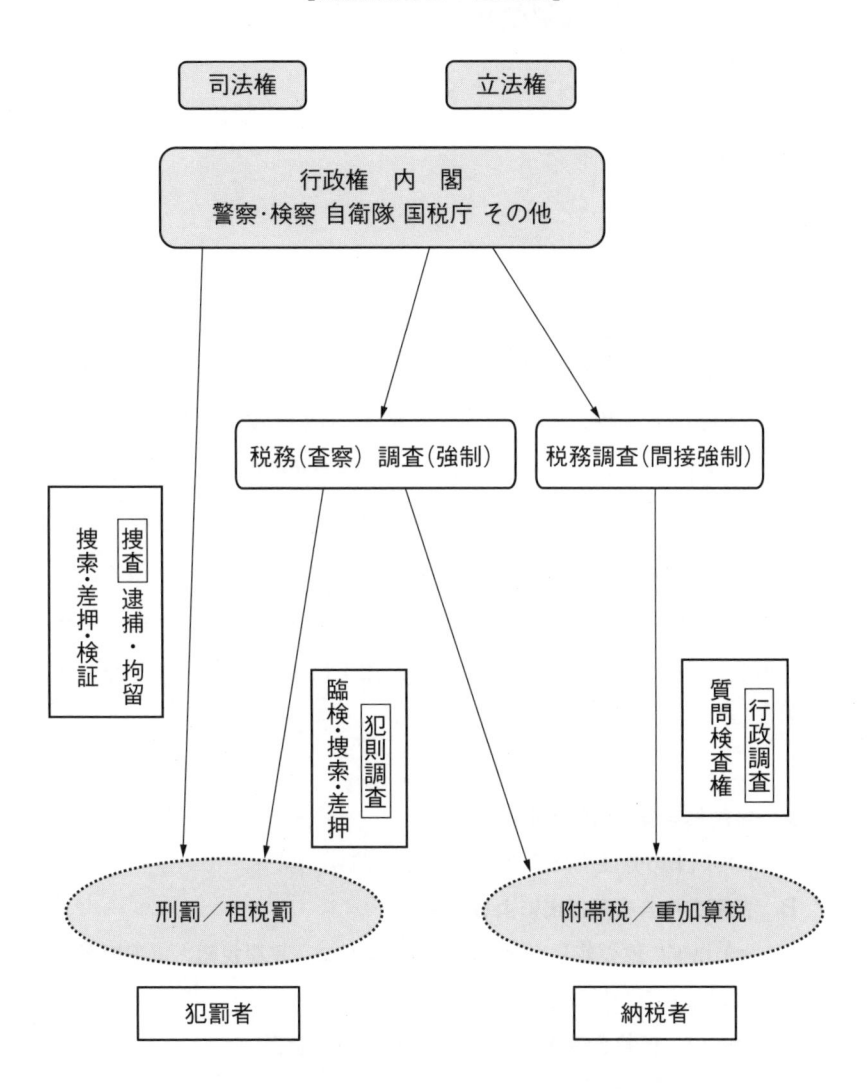

```
    司法権              立法権

         行政権  内 閣
      警察・検察 自衛隊 国税庁 その他


              税務(査察)調査(強制)    税務調査(間接強制)

  捜査 逮捕・拘留
  捜索・差押・検証
                 臨検・捜索・差押
                 犯則調査           質問検査
                                  行政調査権

      刑罰／租税罰              附帯税／重加算税

        犯罰者                    納税者
```

225

## 8　平成23年度税制改正

平成23年度の税制改正では、脱税等に対する制裁が強化されました。

(1) 国　　税
① 故意の申告書不提出に対する罰則の創設

申告納税制度を採用している全ての税目（所得税、法人税、相続税・贈与税、地価税、消費税等）に関する故意の無申告に対し、5年以下の懲役若しくは500万円以下（脱税額が500万円を超える場合には、情状により脱税額以下）の罰金が科され、又は併科されます。これは、脱税犯と申告書不提出犯との中間的な犯罪類型であり、国税犯則取締法に基づく査察調査において適用されることなります。

これにより、無申告に対する罰則の体系は下記のとおりとなりました。

---

A　単純無申告犯（秩序犯）
　1年以下の懲役または50万円以下の罰金
B　故意の申告書不提出によるほ脱犯
　5年以下の懲役若しくは500万円（情状により脱税額）以下の罰金又はこれらの併科
C　隠ぺい・仮装を伴う申告書不提出によるほ脱犯
　10年以下の懲役若しくは1,000万円（情状により脱税額）以下の罰金又はこれらの併科

---

Ⅵ 租税罰の概要と意義

具体的な事例で検討します。

【事例】 単発取引の無申告（所得税）

> 無職の甲さんは、FX取引で10億円の運用益を得ましたが、無申告でした。甲さんは所得秘匿のための積極的な工作は行っていません。
> 国税当局は甲さんにどのような制裁を課すことができますか。

**イ　申告書不提出犯**（所得税法241条）

　1年以下の懲役又は50万円以下の罰金に処すことができます。

**ロ　ほ脱犯**（所得税法238条①②）

　10年以下の懲役若しくは1千万円以下の罰金に処し、又は併科できますが、甲さんは所得秘匿のための積極的工作を行っていないので、ほ脱犯にはなりません。

**ハ　重加算税**（国税通則法68条、P 69）

　無申告の納税者に対して、重加算税を賦課した事例は少ないと思われます。無申告者の所得を確定する作業だけでも膨大ですが、さらに、隠ぺい・仮装の立証が難しく、実務上は、甲さんに重加算税を賦課することは困難と思われます。

**ニ　故意の申告書不提出犯**（所得税法238条③④）

　故意の立証ができるか、がポイントです。FXの販売会社の担当者から利益を申告する必要について説明を受けていたのか、FX取引のPRパンフレットを検証し、担当者に話を聞き、その他の方法で情報収集すれば、故意は立証できるはずです。故

意の申告書不提出犯は、まさに甲さんのような無申告者をターゲットにした刑事罰です。

② 消費税の不正受還付未遂に対する罰則の創設

消費税の不正還付に対しては、受還付犯（既遂犯）処罰規定が設けられていましたが、その未遂罪も処罰されることになりました（消費税法64②）。不正な還付申告書を税務署に提出した時点で、未遂罪が成立すると考えられます。既遂犯、未遂犯とも、10年以下の懲役若しくは1,000円以下の罰金又はこれらが併科されますが、未遂犯の刑については、刑法43条の規定により、減免することができます。

(2) 地 方 税
① 脱税犯に係る法定刑の引上げ等

法人事業税、法人住民税、地方消費税の脱税に対する懲役刑、罰金刑の上限がそれぞれ10年、1,000万円に引き上げられました。

② 秩序犯に係る法定刑の引上げ等

法人住民税等の申告書等不提出に対し、1年以下の懲役刑及び50万円以下の罰金刑を新設しました。また法人事業税、地方消費税等の申告書等不提出に対しては罰金刑の上限が50万円に引き上げられました。

③ 故意の申告書不提出に対する罰則の創設

法人事業税、法人住民税、地方消費税に関する故意の無申告に対

## Ⅵ 租税罰の概要と意義

し、5年以下の懲役若しくは500万円（情状により脱税額）以下の罰金が科されます。

### ④ 地方消費税の不正還付未遂に対する罰則の創設

大口・悪質な地方消費税の不正還付請求事案に厳正に対処できるよう、罰則規定が創設されました。

# VII 「隠ぺい・仮装」と「偽りその他不正の行為」

## 1 重加算税と罰則のイメージ

重加算税と罰則に関する条文を、比較検討できるように、再度掲載します。

### 国税通則法（要約）

> **（重加算税）**
> 第68条……（過少申告加算税等）の規定に該当する場合……において、納税者がその国税の課税標準等又は税額等の計算の基礎となるべき事実の全部又は一部を**隠ぺい**し、又は**仮装**し、その隠ぺいし、又は仮装したところに基づき納税申告書を提出していたときは、……税額に100分の35の割合……**重加算税**を課する。

### 法人税法（要約）

> **（罰則）**
> 第159条 **偽りその他不正の行為**により、……法人税を免れ、又は……法人税の還付を受けた場合には……法人の代表者……代理人、使用人その他の従業者……でその違反行為をした者は、10年以下の**懲役**若しくは1,000万円以下の**罰金**に処し、……

世間一般の「重加算税」に対するイメージは、メディアの報道も含めて、「脱税、不正」です。しかし、重加算税の成立要件に、過少申告の認識は不要です。一方、法人税法159条の罰則規定は、不正の行為により法人税を免れ、と規定され、まさに「脱税、不正」そのものです。つまり、「重加算税」と「罰則」の概念は混同されているのです。

　税の専門家である税理士の認識はどうでしょうか。飲み会などの席で、「売上計上もれや棚卸計上もれなどは不正ではない。期間のずれによる重加算税は認めない」などと話す税理士もいます。恐らく「重加算税」に対して「罰則」のイメージをもっているのでしょう。

　国税庁（国税不服審判所を除く）は、「隠ぺい・仮装」と「偽りその他不正の行為」とを区別してないかもしれません。なぜばら、「偽りその不正の行為」が要件となっている、更正の期間制限・徴収権の時効・延滞税の除斥期間について、納税者に説明をするときに、重加算税対象だから、としか説明しないからです。

　現状では、国税庁、税理士、納税者とも、次のようにイメージしているのでしょう。

> 隠ぺい・仮装　＝　偽りその他不正の行為

　多くの重加算税賦課事案では、この認識が正しいのです。しかし、一方で、この認識に当てはまらない事例も存在します。大規模法人が税務調査により賦課された重加算税事案の多くは、脱税の意図が認められないものであり、偽りその他不正の行為とはなりません。

　また、重加算税対象の所得であっても、税額が発生しなければ、

## Ⅶ 「隠ぺい・仮装」と「偽りその他不正の行為」

偽りその他不正の行為に係る所得とはなりません。最近のニュースから事例をあげます。

### 【調査事案】所得隠しと報道された事案

> **Ｔ社子会社、9億円所得隠し…リベート過大計上**
>
> 大手電機メーカー「Ｔ」の家電販売子会社が、国税局の税務調査を受け、9億円の所得隠しを指摘されました。
> ① 家電販売子会社は、販売促進を目的に家電量販店にリベートを支払っていた。
> ② 金額、支払方法は量販店と協議して決定し、商談作成書を作成していた。
> ③ リベートのうち29億円は、量販店での販売が実現してないもので、支出もされていなかった
> ④ 29億円のうち9億円は、量販店との間で商談確認書が作成されていなかった。
> 国税局は次のように判断しました。
> ① 20億円は、リベートに計上した事業年度以降に支出されているので、計上時期が誤っていた。
> ② 9億円は、商談確認書が確認されていなかったことから、リベートを仮装した経費の過大計上であり、重加算税対象となる。
> 家電販売子会社は、「確認書がなかった部分についても、最終的にはリベートとして支出した。仮装する意図はなかった」としています。
> なお、Ｔ社には税務上の赤字があり、販売子会社を含めたグループへの追徴課税はありませんでした。

この事実関係からでは、何を持って仮装なのか不明ですが、赤字

で税額が発生しなくても隠ぺい・仮装の事実があれば重加算税対象の否認項目となります。仮定の話ですが、9億円の否認により重加算税の税額が発生する状況であったとしたら、納税者側の反論の主張は非常に大きくなるはずです。その場合、国税局は重加算税対象としての処理方針を維持できたか、疑問です。

この事案は否認金額が大きいため、当時のメディアは、「所得隠し」という見出しで大きく報じていました。しかし、法人税の追徴税額はなく、重加算税の税額も発生しません。当然、ほ脱の意図は認められず、法人税法159条の「偽りその他不正の行為」にも該当しません。メディアによる「所得隠し」とのレッテル貼りは、誤った認識を世間に与えてしまいます。

なお、当初費用に計上したリベートが、課税仕入として処理されていれば、課税仕入を否認され、消費税の本税及び重加算税を追徴課税されます。

> 隠ぺい・仮装 ≠ 偽りその他不正の行為

過少申告に係る事実関係が、「隠ぺい・仮装」ではないが「偽りその他不正の行為」に該当する事例として、アメリカ大使館事件が有名です。

### Ⅶ 「隠ぺい・仮装」と「偽りその他不正の行為」

> **アメリカ大使館事件の概要**
>
> 　在日外国公館は、国際慣例で給与を支払う際の源泉徴収義務がないので、職員は確定申告によって所得税を支払います。
>
> 　在日のアメリカ大使館が日本人職員約 260 名に支払う給料（7 年間で総額 50 数億円）については、各人が税務署に申告することになります。しかし、米国大使館からの給与の内約 4 割は非課税であり、確定申告の対象としなくてもよい、という慣行があるとの理由で、日本人職員は給与等の収入金額の一部を除外して申告していました。
>
> 　国税当局は、請求人が勤務先であるアメリカ大使館から受け取った給与等の収入金額を過少に記載して所得税の確定申告書を提出した行為は、意図的になされた不正行為であり、「偽りその他不正の行為」（国税通則法 70 条 5 項）により税を免れたとして、7 年分を追徴課税したが、重加算税は賦課決定しませんでした。納税者は過少申告の場合の 3 年分を超える 4 年分の課税の取消等を請求しました。

　この事件で最も興味を引いたのは、重加算税を賦課しないにもかかわらず、「偽りその他不正の行為」があるとして 7 年間分追徴課税したことです。税務調査の常識では、7 年間分の更正・決定は重加算税対象の否認の場合に行われます。

　重加算税の対象ではないのに 7 年間分を追徴課税することは、調査官及び税理士にとっては想定外の処理です。調査官には、通常、そのような思考過程は働かないはずです。税務署のコンピューターシステムの中で「偽りその他不正の行為」と入力することができるのでしょうか。

　では、何故、このような処理が行われたのかを推測してみました。

① 本来は重加算税を賦課するべきだったが、米国大使館の意向で、政治的配慮が働いた。
② 調査官は重加算税を賦課したかったが、隠ぺい仮装の事実を把握できなかった。しかし、上層部の特別の指示に基づき、7年間分を更正処理できるように理論構成を考えた。

アメリカ大使館から支給された給与について、実際の収入金額より過少に確定申告した場合、隠ぺい・仮装の事実はどこにあるでしょうか。職員が給与明細書を故意に破棄した事実があり、調査官がそれを立証することができれば重加算税の賦課は可能かもしれません。しかし、立証は難しいでしょう。納税者の行動についていくら想像をたくましくしても、「隠ぺい・仮装」の場面は浮かんできません。もともと重加算税の賦課決定は困難な事案だったのです。

それでは、何故、7年間分の更正になったのでしょうか。このような異例な処理は、調査官やその上司の判断では困難だと思われます。国税組織の高いレベルからの指示があったのかもしれません。

税務署の7年分の賦課決定に対して日本人職員達は、「偽りその他不正の行為」などはなかったと主張し、3年分を超える4年分についての更正処分を取り消すよう、多くの訴訟を提議しました。裁判では請求人が給与収入をことさら過少に申告した行為が、「偽りその他不正の行為」に該当するかどうかという点が争われました。

東京高等裁判所等は、アメリカ大使館職員の税額を免れる意図を認定し、内容虚偽の所得税確定申告書を提出したことが「偽りその他不正の行為」であると判示し、税務署側の主張を認めました。

・東京高等裁判所　所得税更正処分取消等請求控訴事件
判決（平成16年6月8日、16年11月10日、16年11月30日

## Ⅶ 「隠ぺい・仮装」と「偽りその他不正の行為」

他)

なお、アメリカ大使館事件における下級審の判決のベースとなっているのは、次の最高裁判例です。

> ★最高裁　昭和48年3月20日判決
>
> **所得税法違反被告事件**
>
> 　所得金額をことさらに過少に記載した内容虚偽の所得税確定申告書を税務署長に提出する行為自体、単なる所得不申告の不作為にとどまるものではなく「詐偽その他不正の行為」にあたるものと解すべきである。

　最高裁は、無申告は「偽りその他不正の行為」に該当しないが、内容虚偽の確定申告書を提出することはそれに該当すると判断しています。重加算税の場合は、内容虚偽の申告書を提出する行為は、国税通則法68条の文理解釈上、「隠ぺい・仮装」には該当しません。
　この事例では、「偽りその他不正の行為」の客観的要件のハードルは、「隠ぺい・仮装」のそれと比べて低いことになります。ただし、「偽りその他不正の行為」には逋脱の意図が求められているので、主観的要件に関しては、「隠ぺい・仮装」よりもハードルが高くなります。

　また、松尾税理士事件でも、「隠ぺい・仮装」と「偽りその他不正の行為」との間に相違点があることが示されています。

## 松尾税理士事件の概要

　国税 OB の松尾税理士が、現役税務職員と共謀して起こした脱税事件（複数）であり、税理士だけではなく国税調査官（複数）も逮捕されました。
　手口は、次のとおりです。
① 脱税の協力者である税務職員が、納税者に係る課税資料を廃棄し、あるいは、台帳から抜き取って隠し、脱税が発覚しないように工作をしました。
② 松尾税理士は、譲渡所得を 0 円として申告し、あるいは無申告にし、税額を発生させないようにしました。
③ 松尾税理士は、依頼者から謝礼を受け取り、あるいは、納税のために預かった資金を騙取しました。
④ 松尾税理士は、不正に協力した税務職員に賄賂を支払いました。
⑤ 平成 9 年に事件が発覚、納税者は修正申告書を提出しましたが、税務署が重加算税の賦課決定等をしました。
⑥ 納税者は、下記のとおり、その取消等を求める訴訟を提起しました（TAINS 情報）。

1　原告・A 大学教授（平成 2 年分所得税）
　　① 国家賠償請求
　　　　東京地裁　　H 12-01-31　　Z 246-8576　　棄却
　　　　東京高裁　　H 12-06-28　　Z 247-8684　　棄却
　　　　最高裁　　　H 12-11-10　　Z 249-8768　　棄却（民訴 312）
　　② 重加算税賦課決定処分取消請求／期間制限
　　　　東京地裁　　H 13-02-27　　Z 250-8847　　棄却
　　　　東京高裁　　H 14-01-23　　Z 252-9050　　全取

### Ⅶ 「隠ぺい・仮装」と「偽りその他不正の行為」

　　　最高裁　　H 17-01-17　　Z 888-0928　　破棄差戻し
　　　　　　　　　　　　　　　　　　　　　　　……P 240
　　　★「納税者は、税理士が違法な手段で税額を減少させることを容認」
　　　**「重加算税・可」**
　　　差戻後高裁　H 18-01-18　　Z 888-1067　　一取・上告
　③　不当利得返還請求／偽りその他不正の行為／国税徴収権の時効
　　　東京地裁　　H 13-02-27　　Z 250-8846　　棄却
　　　東京高裁　　H 13-08-29　　Z 251-8964　　棄却・上告

2　原告・B男（重加算税・居住用財産買換え）
　　　東京地裁　　H 14-12-06　　Z 252-9243　　一取・双方控訴
　　　東京高裁　　H 15-12-09　　Z 888-0943　　原判決変更
　　　最高裁　　　H 18-04-25　　Z 888-1078　　破棄差戻し（P 117）
　　　★「税理士の脱税行為を容認ないし認識しえたとの事実認定なし」
　　　**「重加算税・不可」**

3　原告・C老女（重加算税・居住用財産の特別控除・国家賠償）
　　　東京地裁　　H 15-06-27　　Z 888-0749　　一取
　　　東京高裁　　H 16-09-29　　Z 888-0900　　全取・却下
　　　最高裁　　　H 18-04-20　　Z 888-1076　　破棄差戻し
　　　★「税理士の脱税行為を容認ないし認識しえたとの事実認定なし」
　　　**「重加算税・不可」**
　　　★「税理士の偽りその他不正の行為」
　　　**「更正・決定の期間延長・可」**

申告手続を受任した税理士の「隠ぺい・仮装行為」に対し、現役税務職員が加担したという極めて特殊な事件です。ここでは、更正の期間制限を延長する要件としての「偽りその他不正の行為」及び重加算税の賦課要件としての「隠ぺい・仮装」についての判決を紹介します。

> ★最高裁平成17年1月17日判決
>
> 過少申告加算税賦課処分取消等請求上告事件
>
> 　国税通則法70条5項（更正・決定の期間延長）の文理及び立法趣旨にかんがみれば、同項は、納税者本人が偽りその他不正の行為を行った場合に限らず、納税者から申告の委任を受けた者（税理士）が偽りその他不正の行為を行い、これにより納税者が税額の全部又は一部を免れた場合にも適用されるものというべきである。
>
> 　　　　　・・・・・・・・・・・・・・・・・・
>
> 　被上告人は、甲税理士が架空経費の計上などの違法な手段により税額を減少させようと企図していることを了知していたとみることができるから、特段の事情のない限り、被上告人は同税理士が本件土地の譲渡所得につき架空経費を計上するなど事実を隠ぺいし、又は仮装することを容認していたと推認するのが相当である。

## Ⅶ 「隠ぺい・仮装」と「偽りその他不正の行為」

　最高裁判所は、納税者本人は松尾税理士の不正工作あるいは隠ぺい・仮装行為を容認していた、と認定しています。

　更正の期間制限を延長する要件としての「偽りその他不正の行為」については、税理士の行為であっても、納税者本人に帰属するとした一方、重加算税の賦課要件としての「隠ぺい・仮装」については、税理士と納税者との間で意思の連絡が必要である、と判示しました。

## 2 「隠ぺい・仮装」と「偽りその他不正の行為」のまとめ

　本書では、「隠ぺい・仮装」と「偽りその他不正の行為」とは異なる内容であるにも係らず、国税庁は両者を区別しないで行政を行ってきたために、重加算税に対する誤ったイメージを世間に植え付けてしまい、その結果、重加算税の可否判定や延滞税の除算期間などについて、誤った処理が行われ続けているのではないか、との疑問を呈しました。

　両者の相違点に関する総まとめとして、一覧表で整理し、かつ、3要素図等をまとめて表示したので、税務調査で重加算税等を指摘された時には、参考にしてください。

# Ⅶ 「隠ぺい・仮装」と「偽りその他不正の行為」

## 【「隠ぺい・仮装」と「偽りその他不正の行為」の整理表】

| | 隠ぺい・仮装<br>（税法だけの用語）<br>重加算税<br>（青色取消・役員賞与損金不算入） | 偽りその他不正の行為<br>罰則<br>（延滞税の控除期間更正の期間制限・徴収権の時効） |
|---|---|---|
| 法　律 | 国税通則法68条 | 法人税法159条 |
| 政　令 | 国税通則法施行令28条他 | ― |
| 省　令 | ― | ― |
| 基本通達 | ― | ― |
| 事務運営指針 | 法人税の重加算税の取扱いについて | ― |
| 法的性格 | 法人税の追徴税 | 刑罰 |
| 特　徴 | 客観性（外形）を重視 | 主観性（意思）を重視 |
| 目　的 | 申告納税制度の維持・制裁 | 制裁 |
| 脱税の認識 | 不要 | 必要（故意・ほ脱の意図・犯意） |
| 隠ぺい・仮装 | 故意性が必要 | ― |
| 不正工作 | ― | 必要（偽計その他の工作） |
| 行為の時期 | 申告書の提出前 | 制限なし |
| 行　為　者 | 納税者及びその関係者 | 税金を免れ、還付を受けた者 |
| 税額の発生 | 不要<br>減額でも重加算税対象となる | 必要<br>税金を免れ、還付を受ける |
| 治　癒 | 可<br>自主修正申告（通則法65条5項） | 不可<br>法廷納期限経過時に成立 |

243

この表から、事実の「隠ぺい・仮装」があるけれど「偽りその他不正の行為」には該当しない事例、あるいは、「偽りその他不正の行為」ではあるけれど事実の「隠ぺい・仮装」には該当しない事例が存在することが理解できます。その理解があれば、調査官から重加算税対象である指摘されたとき、理論的に対応することができます。

## Ⅶ 「隠ぺい・仮装」と「偽りその他不正の行為」

〔隠ぺい・仮装の3要素図〕（P 106 参照）

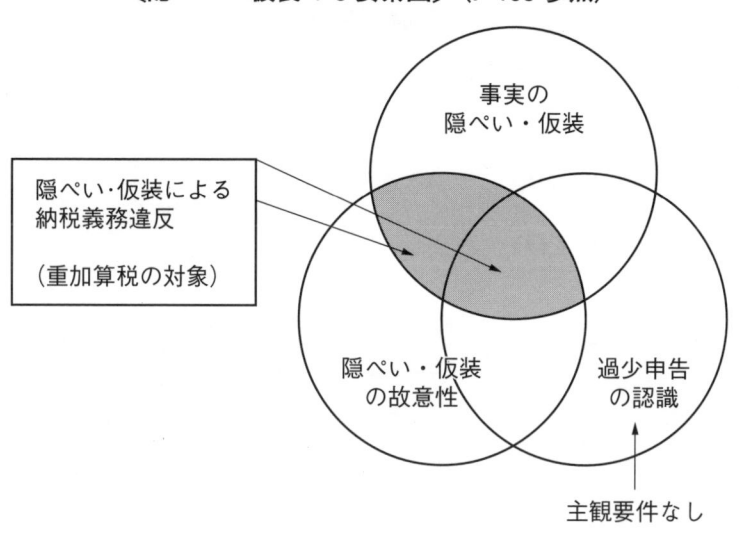

- 事実の隠ぺい・仮装
- 隠ぺい・仮装の故意性
- 過少申告の認識

隠ぺい・仮装による納税義務違反
（重加算税の対象）

主観要件なし

〔偽りその他不正の行為の3要素図〕（P 216 参照）

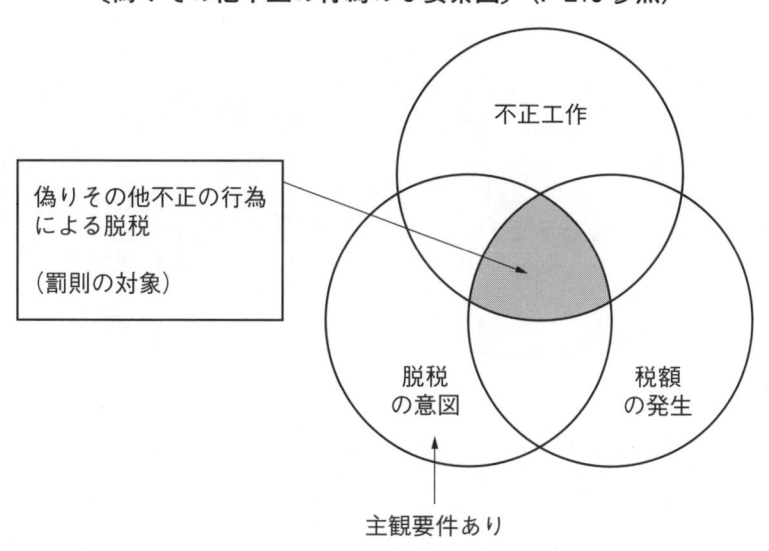

- 不正工作
- 脱税の意図
- 税額の発生

偽りその他不正の行為による脱税
（罰則の対象）

主観要件あり

【隠ぺい・仮装と偽りその他不正の行為の関係図（客観要件のみ）】
（P 84 参照）

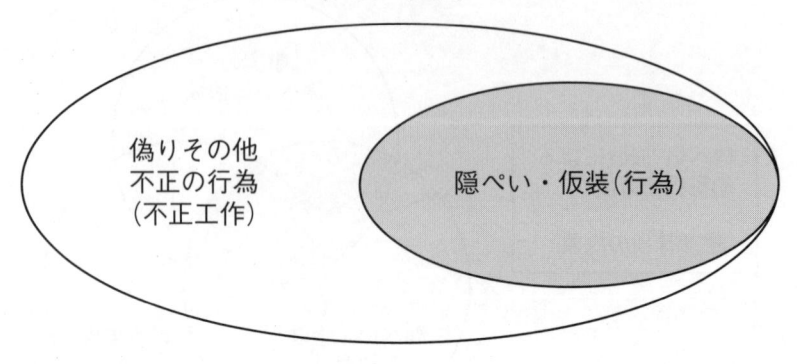

偽りその他
不正の行為
（不正工作）

隠ぺい・仮装（行為）

【隠ぺい・仮装と偽りその他不正の行為の関係図】（P 87 参照）

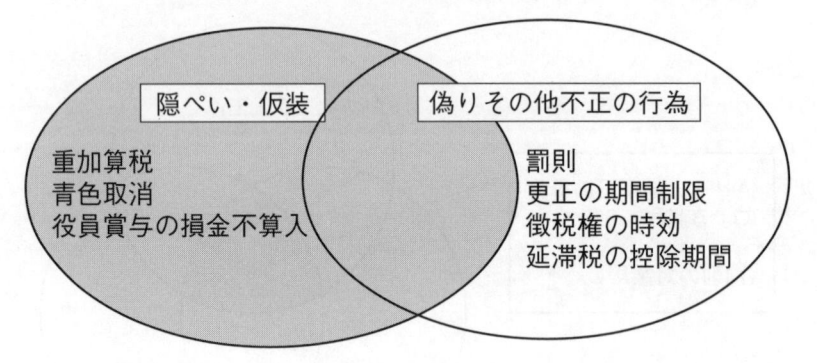

隠ぺい・仮装
偽りその他不正の行為

重加算税
青色取消
役員賞与の損金不算入

罰則
更正の期間制限
徴税権の時効
延滞税の控除期間

# Ⅷ 国税通則法の改正と重加算税

## 1 国税通則法改正の背景

　税務調査による不利益処分は、刑罰に近い人権侵害の問題であるから、国税通則法の税務調査手続は、刑事事件における憲法の適正手続に違反するとの有力な見解がありました。

**憲法**

> **第31条**　何人も、法律の定める手続によらなければ、その生命若しくは自由を奪はれ、又はその他の刑罰を科せられない。
>
> **第35条**　何人も、その住居、書類及び所持品について、侵入、捜索及び押収を受けることのない権利は、第33条の場合を除いては、正当な理由に基いて発せられ、且つ捜索する場所及び押収する物を明示する令状がなければ、侵されない。
> 　2　捜索又は押収は、権限を有する司法官憲が発する各別の令状により、これを行ふ。
>
> **憲法38条**　何人も、自己に不利益な供述を強要されない。

ただし、従来の税務調査手続について、最高裁は合憲と判示していました。

> ★最高裁　昭和47年11月22日判決
>
> 所得税法違反事件
>
> 1　当該手続が刑事責任追及を目的とするものでないとの理由のみで、その手続における一切の強制が、憲法35条1項による保障の枠外にあることにはならない。
> 2　所得税法に規定する検査は、あらかじめ裁判官の発する令状によることをその一般的要件としないからといつて、憲法35条の法意に反するものではない。
> 3　憲法38条1項による保障は、純然たる刑事手続以外においても、実質上、刑事責任追及のための資料の取得収集に直接結びつく作用を一般的に有する手続にはひとしく及ぶものである。
> 4　所得税法に規定する質問、検査は、憲法38条1項にいう「自己に不利益な供述」の「強要」にあたらない。

しかし、税務調査は国民に負担を求める行政手続であるにもかかわらず、それを律する法律の規定の整備が比べて立ち遅れているとの批判がありました。

平成23年度税制改正では、納税環境整備に関する国税通則法等の改正があり、調査手続の透明性と納税者の方の予見可能性を高めるなどの観点から、税務調査手続について現行の運用上の取扱いが法令上明確化されました。

## 2　主な改正点

　この改正により、調査手続の透明性と納税者の方の予見可能性を高めるなどの観点から、税務調査手続について現行の運用上の取扱いが法令上明確化されるとともに、全ての処分（申請に対する拒否処分及び不利益処分）に対する理由附記の実施及び記帳義務の拡大等が定められました。
　主な改正点は次のとおりです。

### (1)　更正の請求期間

　納税者が申告税額の減額を求めることができる「更正の請求」の期間は、1年から5年に延長されました。その際には、「更正の請求」をする理由の基礎となる事実を証明する書類を添付する必要があります。故意（勘違いや単純な誤りなどの過失は含まれません。）に内容虚偽の更正の請求書を提出した場合については罰則の定めがあります。この改正に伴い、嘆願の慣行は解消されました。
　なお、課税庁による増額更正の期間は、3年から5年に延長されました。

### (2)　税務調査手続

　税務調査手続について、現行の運用上の取扱いを法令上明確化し、平成25年1月1日以後に開始する調査から適用されることになりました。

① 事前通知（法定化）

税務調査に際して、課税庁は納税者に対し調査の開始日時・開始場所・調査対象税目・調査対象期間などを事前に通知します。その際、税務代理を委任された税理士に対しても同様に通知します。

なお、合理的な理由がある場合には、納税者は調査日時の変更の協議を求めることができます。ただし、税務署等が保有する情報から、事前通知をすることにより正確な事実の把握を困難にする、又は、調査の適正な遂行に支障を及ぼすおそれがあると認められる場合には、事前に通知せずに税務調査を行うことがあります。

② 身分証明書（改正無）

税務調査のため、調査担当者が事務所や事業所等に伺う際には、身分証明書と質問検査章を携行し、これらを提示して自らの身分と氏名及び調査権限を明らかにします。調査担当者は、質問検査章に記載された税目しか調査する権限がありません。

③ 提示・提出（法定化）

調査担当者は、帳簿書類その他の物件の「提示」「提出」を求めることができます。

なお、質問事項に対し偽りの回答をした場合若しくは検査を拒否した場合、又は正当な理由がなく提示若しくは提出の要求に応じない場合、あるいは、偽りの記載をした帳簿書類の提示若しくは提出をした場合などについて、罰則規定があります。

Ⅷ 国税通則法の改正と重加算税

④ 留置き（法定化）

　調査担当者は、税務調査において必要がある場合には、納税者の承諾を得た上で、提出された帳簿書類などを預かります。その際には、預り証を渡します。また、預かる必要がなくなった場合には、速やかに返還します。

⑤ 反面調査（改正無）

　税務調査において必要がある場合には、取引先などに対し、質問又は検査等を行うことがあります。

⑥ 説明・勧奨（法定化）

　税務調査において、申告内容に誤りが認められた場合や、申告する義務がありながら申告していなかったことが判明した場合には、調査官は調査結果の内容（誤りの内容、金額、理由）を説明し、修正申告や期限後申告を勧奨します。修正申告等をした場合には、その修正申告等に係る異議申立てや審査請求はできないが、更正の請求はできることを説明し、その旨を記載した書面を渡します。

　否認事項が重加算税対象と言われた場合は、事実の「隠ぺい・仮装」がどこにあるのか、に焦点を合わせて説明を聞いてください。

⑦ 更正・決定

　修正申告等の勧奨に応じない場合には、税務署長は更正又は決定の処分を行い、更正又は決定の通知書を送付します。**（法定化）**

　なお、税務署長が更正又は決定の処分を行うことができるのは、原則として法定申告期限から5年間です。**（改正有）**

ただし、偽りや不正の行為により全部若しくは一部の税額を免れ、又は還付を受けた場合には、税務署長は法定申告期限から7年間、更正又は決定の処分を行うことができます。**(改正無)**

⑧　理由付記・通知

税務署長等が、更正又は決定などの不利益処分や納税者からの申請を拒否する処分を行う場合には、その通知書に処分の理由を記載します。**(改正有)**

申告内容に誤りが認められない場合や、申告義務がないと認められる場合などには、その旨を書面により通知します。**(法定化)**

⑨　再調査（法定化）

税務調査の結果に基づき修正申告書等が提出された後又は更正若しくは決定などをした後や、「更正又は決定をすべきと認められない場合の通知」をした後においても、税務調査の対象とした期間について、新たに得られた情報に照らし非違があると認められるときは、改めて税務調査を行うことがあります。

## 3　重加算税に係る理由附記

国税に関する処分の理由附記については、これまで、所得税法等の個別法により理由附記を行うこととされていた処分を除き、原則として行われていませんでした。国税通則法が改正され、判断の慎重・合理性を担保してその恣意性を抑制するとともに、処分の理由を納税者に知らせて不服申立ての便宜を図るという観点から全ての処分（行政手続法第2章の申請に対する拒否処分及び同法第3章の不利益処分）について、理由附記が実施されることになりました。

## Ⅷ 国税通則法の改正と重加算税

申請に対する拒否処分には、更正の請求に対する更正理由がない旨の通知、青色申告承認申請の却下等があります。不利益処分は、具体的には、更正・決定、加算税の賦課決定、青色申告承認の取消、督促、差押え等があります。

重加算税の賦課決定は不利益処分に当たることから、平成25年1月からは、事実の「隠ぺい・仮装」があると判断した理由が具体的に附記されることになります。どの程度詳細に理由が附されるのかは判りませんが、あっさりした理由附記になると想定しています。たとえ短くても、理由を附記することは調査官にとって重荷であり、無理な重加算税の賦課は減少するでしょう。いわゆる一筆重加（納税者に申述書等を提出させ、それを根拠に重加算税を賦課すること）の濫用が防止されることも期待されます。

延滞税の除算期間が認められなかった場合は、どのように考えるのでしょうか。重加算税が賦課された場合の延滞税額の計算方法の問題であり、不利益処分には該当しないと整理され、理由附記が行われない可能性が高いです。しかし、問答事例（延滞税の控除期間 P81）でも説明しましたが、延滞税の額の計算の基礎となる期間の特例が適用されない（通則法61条）のは、「偽りその他不正の行為」により国税を免れた場合であり、適用されないことにより納税者は不利益を被るのだから、処分庁は、「偽りその他不正の行為」と判断した理由を附記するべきと考えます。

更正の期間制限（通則法66条）も同様であり、7年にわたり更正する場合には、税務署は「偽りその他不正の行為」と判断した理由を附記するべきです。

国税庁の内部組織である国税不服審判所では、「隠ぺい・仮装」

と「偽りその他不正の行為」について、明瞭に区分して裁決をしています。しかし、現行の税務署の事務処理体制は両者の区分を認識しないところで構築され、調査官にも両者を区別する発想がありません。また、延滞税の除算期間は計算の問題であり、不利益処分には当たらないかもしれません。そのような状態で、「偽りその他不正の行為」の理由が附記されることは考えづらいです。

理由を附記されない不利益をどのように争ったらよいのでしょうか。たとえば、納税者が延滞税に係る法律関係を争うのであれば、行政事件訴訟法を利用できるものと思われます。

> **（当事者訴訟）**
> **第4条** この法律において「当事者訴訟」とは、当事者間の法律関係を確認し又は形成する処分又は裁決に関する訴訟で法令の規定によりその法律関係の当事者の一方を被告とするもの及び公法上の法律関係に関する確認の訴えその他の公法上の法律関係に関する訴訟をいう。

納税者にとってのこの不利益（更正の期間制限、延滞税の除算期間等）に対し、国税庁がどのように対応するのか、注視していく必要があります。

## 4　国税通則法改正の評価…「国破れて租税法律主義あり」

### (1)　武器としての改正通則法

税務調査では、国家権力の横暴と指摘されるような行為が行われることがあります（川崎汽船事件　P195）。税理士会、弁護士会、

**Ⅷ　国税通則法の改正と重加算税**

　各種政治団体、商業団体、学者等は「納税者の権利を守る」という目的で活動し、民主党政府はその声を取り入れ、国税通則法が改正されました。帳簿書類の提出や留置きが法定化したことは改悪である、あるいは、「納税者権利憲章」が制定されなかったのは問題だ、との批判はあるものの、概ね、高く評価されているようです。学者や実務家の肯定的評価は、専門書や論文、税理士会の広報誌や新聞等のメディあるいは専門家のブログ等にも書かれています。

　月刊「税務」編、「納税者権利憲章で税制が変わる！」（ぎょうせい）で、当時の内閣官房参与篠崎直樹氏と三木義一青山学院大学教授の対談が掲載されています。国税通則法改正の考え方が良く理解できます。その理念に普遍的な価値があるので、それを正面から否定することはできません。

　しかし、納税者の権利の議論で気になることは、学者や実務家が普段接触しているような善良な納税者の存在を前提としていることです。確かに、人権を無視したような乱暴な調査もあり、それを正す方策は必要です。しかし、学者や実務家の間での「納税者の権利擁護」に関する議論は、その高邁な理想にもかかわらず、多くの善良な納税者にとっては無関心なことです。なぜなら、ほとんどの税務調査は、調査官と納税者と税理士が協力し合って、何のトラブルもなく終結しているからです。一方で、国税通則法の改正を、別の意味で待ち望んでいた人達がいる、と推測しています。

　調査官は、政治家、裏社会の人、反税組織の構成員、納税意識が全くない人、住所不定の人、帳簿を保存してない人などを相手に調査しなければなりません。そういった人達のなかには、自己の脱税が発覚しないように調査を妨害し、「納税者の権利」と「租税法律

主義」を武器に、メディアや裁判を宣伝の場として最大限利用して、国税当局を非難する人も、少数ながらいます。国税通則法の改正は、税務調査に非協力な納税者に新たな武器（調査手続きの争点化）を与えることになったのかもしれません。

　もちろん、日本は法治国家ですから、その武器は否定されるものではなく、税理士も依頼者のためにその武器を使っても問題がないことは言うまでもありません。

(2)　**所得の捕捉率と納税者番号制**

　昭和50年頃、所得の捕捉率について、クロヨンとかトーゴーサンピンという言葉がよく使われていました。

　　　　９６４　……サラリーマン　　９割
　　　　　　　　　個人事業主　　　　６割
　　　　　　　　　農家　　　　　　　４割

　　　10 ５ ３ １ ……サラリーマン　 10割
　　　　　　　　　個人事業主　　　　５割
　　　　　　　　　農家　　　　　　　３割
　　　　　　　　　政治家　　　　　　１割

　税務調査によってもなかなか捕捉できない所得なので、それが事実なのか、確認する術はありません。私の感覚では、業種間の捕捉率の階差は多かれ少なかれ存在しています。それを前提にしたときに、10割（正当な所得）と捕捉率との差額に係る所得について、

256

VIII 国税通則法の改正と重加算税

どのように考えたらよいのでしょうか。その所得が、税務署の法人課税部門の無予告現況調査等で、たまたま発覚したならば、重加算税対象の不正所得として処理されます。税法上は脱税だとしても、調査を受け課税処分を受けた納税者は、何で自分だけが、と不満を抱きます。

　この差額の本質は、脱税ではなく所得を捕捉できない制度の問題である、と私は考えます。所得を捕捉できないような制度であっても、国税当局は公平な課税を実現するためには、税務調査で対応するしかありません。そのためには強権的な調査手法が必要となるが、一方で、それは人権無視の公務員の横暴だと批判されることになります。

　この問題を根本から解決するためには、捕捉率が10割に近づくような制度に変えることが先決なのです。そのような制度による担保がなければ、「納税者の権利」は脱税の隠れ蓑になり、憲法の定める「納税の義務」の実現の障害となってしまいます。

　政府の社会保障と税の一体改革の議論の中で議論されてきたマイナンバー法案は、その解決策の1つになりえたはずです。しかし、経緯は判りませんが、実際には国税通則法の改正だけしか行われませんでした。

### (3) 調 査 手 続

　本来、税務調査というものは、調査官が悩みに悩み、同僚上司と議論を戦わせ、夢にまで見て、問題点を探し、解明していくものです。国税通則法の改正により、煩雑な手続き論で調査時間が費やされ、調査官は調査の内容よりも手続のことが気になり、その関係書

257

類の作成に時間をとられ、調査日数は減少し、調査件数も減少し、調査技術（職人技）は先輩から後輩に引き継がれず、調査による非違事項の把握も減少することになるでしょう。調査件数が減少すれば、税務署から納税者に対する接触率も下がります。接触率が下がれば、税務署による納税者に対する牽制が効かなくなります。最終的には、申告納税制度の実質的な崩壊につながります。

　なお、現場を知らない方は、改正通則法は調査日数にはそれほど影響を与えないと考えているようですが、調査の件数処理に追われる調査官の経験者であれば、それが如何に神経を使い時間を要する作業なのか、容易に想像できるでしょう。もし、調査件数を減らさないのであれば、調査の質を落として辻褄を合わせるしかありません。質を落とすとは、困難なことやグレーゾーンにはチャレンジせず、時間がかかることは見て見ぬふりをし、調査に非協力な納税者や税理士には妥協し、帳面と証憑の突合といった形式的な表面的な調査しか行わないことを意味します。

　調査の現場から帰署した調査官を待ち受けているのは、国税通則法に定める手続きをきちんと行ったかのチェックです。調査事案の内容を語らい、切磋琢磨し、調査技術を磨くことは二の次になってしまいます。例えば、現金商売、帳簿を保管していない事業者あるいは無申告者等で、明らかに脱税していると思慮されている納税者であっても、手続論で効果的な調査が困難となり、また、納税者が脱税を認めていても、根拠があいまいなままでは修正申告を慫慂することができず、重加算税の理由付記もできず、是認処理される事案が増えるでしょう。そして、調査官も納税者本人も、脱税をしていると判っていながら、税務署は是認通知を発送します。このよう

Ⅷ　国税通則法の改正と重加算税

な状況は、いかがなものかと思います。

　そもそも、更正文書が書けないような事実認定で更正をしようとすることが問題だ、租税法律主義に反する、と言われれば、その通りです。しかし、そのような調査官の努力と納税者の協力で、一定の申告水準をかろうじて維持してきたのです。税務調査は刑事事件とは異なり、犯罪者ではなく納税義務者に対する国家権力の行使です（税務調査と二重処罰、P 225 参照）。人権を侵害しない範囲で、両者が協力し合って結論を出していくものです。国税通則法改正により、税務調査で所得の捕捉率を是正させるような調査を行うことはますます困難になり、所得の捕捉率は更に低下していくことになります。

### (4)　国破れて租税法律主義あり

　世間一般の税務職員に対する批判は、調査を行う国税職員に向けられています。時の政府は、外部の基本的人権を強調する論者の主張と歩調を合わせ、国民から最も疎んじられる徴税を担ってきた国税職員を、自らの組織内の職員であるにもかかわらず、あたかも仲間ではないように扱い、その手足を縛ってしまいました。国税通則法の改正により、調査官の税務調査という仕事に対するモチベーションは下がり、都道府県税の職員、あるいは、市区町村の税務職員と同じように、事務処理を中心とした仕事ぶりになっていくかもしれません。

　最近の実調率（税務調査対象件数のうち、1 年間で実際に調査した件数を率で算出）は、法人で 5% 弱、個人は 2% 弱しかありません。納税者番号制が導入されないままに国税通則法が改正されたこ

とにより、所得の捕捉率は確実に下がります。しかも、その実態は統計には表れないので、誰もそれを立証することができないままに、国の税収は失われ、租税公平主義は有名無実化し、その帰結として、国力は徐々に失われていくでしょう。それを防ぐためには、

① 納税者番号制を導入すること等により所得を捕捉できる制度を整えること

② 租税回避行為に対して、「租税法律主義」を偏重するのではなく、「納税の義務」及び「租税公平主義」の理念をも同等に尊重する法理論を確立すること

が重要と考えます。

国税通則法の改正及び武富士事件の最高裁判決（P171）は、「国破れて租税法律主義あり」の始まりかもしれません。

## Ⅷ 国税通則法の改正と重加算税

### 【国税通則法改正と租税法律主義】

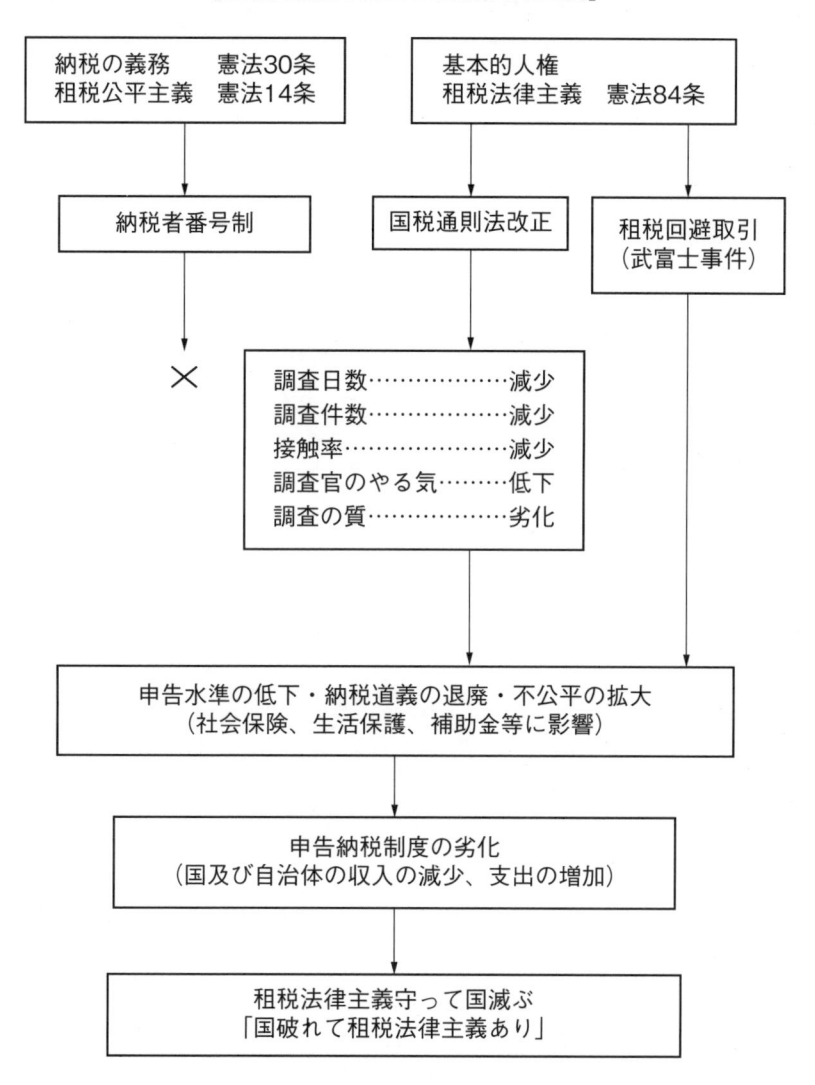

```
┌─────────────────────┐        ┌─────────────────────┐
│ 納税の義務　憲法30条 │        │ 基本的人権          │
│ 租税公平主義 憲法14条│        │ 租税法律主義 憲法84条│
└──────────┬──────────┘        └──────────┬──────────┘
           │                               │
           ▼                    ┌──────────┴──────────┐
┌─────────────────────┐         ▼                     ▼
│    納税者番号制     │  ┌─────────────┐      ┌─────────────┐
└──────────┬──────────┘  │国税通則法改正│      │租税回避取引 │
           │             └──────┬──────┘      │(武富士事件) │
           ×                    │             └──────┬──────┘
                                ▼                    │
                    ┌───────────────────────────┐    │
                    │ 調査日数…………………減少   │    │
                    │ 調査件数…………………減少   │    │
                    │ 接触率……………………減少   │    │
                    │ 調査官のやる気………低下   │    │
                    │ 調査の質…………………劣化   │    │
                    └─────────────┬─────────────┘    │
                                  │                  │
                                  ▼                  │
┌──────────────────────────────────────────────────┐ │
│ 申告水準の低下・納税道義の退廃・不公平の拡大    │◀┘
│ （社会保険、生活保護、補助金等に影響）           │
└─────────────────────┬────────────────────────────┘
                      ▼
        ┌─────────────────────────────────┐
        │ 申告納税制度の劣化              │
        │ （国及び自治体の収入の減少、支出の増加）│
        └─────────────────┬───────────────┘
                          ▼
        ┌─────────────────────────────────┐
        │ 租税法律主義守って国滅ぶ        │
        │ 「国破れて租税法律主義あり」    │
        └─────────────────────────────────┘
```

巻末資料

## 重加算税制度の問題点について

―平成11年度諮問に対する答申―

日本税理士会連合会
税　制　審　議　会

平成12年2月14日

**税制審議会委員名簿**

本答申の審議に参加した特別委員及び専門委員は次のとおりである。

〔特別委員〕

（会長代理）新井隆一
　　　　　　内田茂男
　　　　　　角田　博
（会　　長）金子　宏
　　　　　　狩野七郎
　　　　　　品川芳宣
　　　　　　杉山　学（平成11年9月20日就任）
　　　　　　角　晨一郎
　　　　　　田近栄治
　　　　　　玉置和宏
　　　　　　中里　実
　　　　　　中島芳昭
　　　　　　原川耕治
　　　　　　本藤俊男
　　　　　　松田英三
　　　　　　水野忠恒
　　　　　　柳島佑吉
　　　　　　山田二郎

〔専門委員〕

（専門委員長）岩下忠吾
（同副委員長）小池正明
　　　　　　久保井一臣（平成11年9月20日就任）
　　　　　　杉田宗久（平成11年9月20日就任）
　　　　　　多田雄司
　　　　　　宮口定雄

巻末資料

## 目　次

まえがき …………………………………………………………… 266
1　隠ぺい・仮装の意義と執行上の問題点 ………………………… 266
2　現行法令上の問題点 ……………………………………………… 270
3　重加算税の賦課基準等の開示と理由附記制度の創設 ………… 274
おわりに …………………………………………………………… 276

## まえがき

　当審議会は、平成11年6月23日付日連11第242号をもって諮問のあった「重加算税制度の問題点について」、総会5回、専門委員会5回を開催し、法令、判例、実務等にわたり多面的に検討を行った。

　重加算税制度は、昭和25年のシャウプ勧告に基づいて創設され、その後昭和37年の国税通則法の制定に際し、個別税法に定められていた重加算税制度が整備統合されて現在に至っており、制度自体は創設時から相当の期間を経て定着している。

　しかしながら、重加算税の賦課を巡っては、隠ぺい・仮装の意義、その具体的態様、その行為の主体など、現行法令の規定が抽象的であること等に基因して今日でも多くの問題が生じている。

　本答申は、重加算税制度の問題点について、「隠ぺい・仮装の意義と執行上の問題点」、「現行法令上の問題点」及び「重加算税の賦課基準等の開示と理由附記制度の創設」の3項目に区分し、諮問の趣旨に沿ってとりまとめたものである。

## 1　隠ぺい・仮装の意義と執行上の問題点

### (1)　隠ぺい・仮装行為の類型

　重加算税は、過少申告加算税、無申告加算税又は不納付加算税のいずれかを課される要件に該当する場合において、納税者がその国税に係る課税標準等又は税額等の計算の基礎となるべき事実の全部又は一部を隠ぺいし、又は仮装し、その隠ぺい又は仮装したところに基づいて申告書を提出し、もしくは提出しなかったとき又はその国税を法定納期限までに納付しなかったときに課税され、その割合は当該基礎となるべき税額の35％又は40％とされている。

　重加算税の賦課に当たっては、その要件である納税者に隠ぺい又は仮装行為があったか否かの認定が最も重要な問題となるが、その意義や態様について現行法令は極めて抽象的な規定に止まっている。このため、もっぱ

ら解釈に委ねられているところであるが、過去の判例、裁決例及び実務における課税事例から整理すると、概ね次のとおりである。

① 隠ぺい・仮装に該当する場合

事実を隠ぺいするとは、課税標準等の計算の基礎となる事実を秘匿しあるいは故意に脱漏することをいい、売上の除外、証拠書類の廃棄や秘匿、取引事実や課税財産の隠匿などがこれに当たる。また、事実を仮装するとは、特定の所得や財産あるいは取引上の名義などについて、あたかもそれが事実であるかのように装うなど、事実を歪曲することをいい、架空仕入や架空経費の計上、架空契約書の作成などがこれに当たる。さらに一つの行為が隠ぺいと仮装の双方に該当することも少なくない。

なお、国税通則法制定の際に廃止された所得税法に関する旧通達では、隠ぺい・仮装に該当するものとして次のように例示していた。これらは、現行法の下においても隠ぺい・仮装に該当するものと解される。

(ア) いわゆる二重帳簿を作成して所得を隠ぺいしていた場合
(イ) 売上除外、架空仕入もしくは架空経費の計上その他故意に虚偽の帳簿を作成して所得を隠ぺいし又は仮装していた場合
(ウ) たな卸資産の一部を故意に除外して所得を隠ぺいしていた場合
(エ) 他人名義等により所得を隠ぺいし又は仮装していた場合
(オ) 虚偽答弁、取引先との通謀、帳簿又は財産の秘匿その他不正手段により故意に所得を隠ぺいし又は仮装していた場合
(カ) その他明らかに故意に収入の相当部分を除外して確定申告書を提出し、又は給与所得その他についての源泉徴収を行っていた場合

② 隠ぺい・仮装に該当しない場合

過少申告であっても、事実の隠ぺい又は仮装がなければ重加算税は課されない。例えば、収益計上時期については、税務の取扱いとして検収基準、出荷基準など多くの基準があることから、当期の収益に計上されるべき場合でも翌期の収益として経理されているときは、一般的には隠ぺい又は仮装には当たらない。この点は、経費の計上時期についても同様と考えられ

る。

　また、たな卸資産の計上漏れが担当者の単なる誤認に基づく場合は隠ぺい・仮装に該当せず、税法の不知による過少申告も同様である。

　なお、収益・費用の計上時期やたな卸資産の計上額について、帳簿や原始記録等を改ざんしたような場合は、隠ぺい又は仮装とされることはいうまでもない。

(2)　隠ぺい・仮装の意義と通達等の制定

　重加算税の課税要件としての隠ぺい・仮装の意義については上記にその態様を示したところであるが、これらを類型化し、すべてを網羅的に列挙することはおよそ困難である。したがって、判例等における事例を集積し、これらを基に個々の事案ごとに隠ぺい・仮装の有無を判断することとなるが、当審議会では、大量回帰的に生ずる実務に対処するための指針を制定する必要があるのではないかとの意見があった。

　この点に関し、当審議会において、隠ぺい・仮装の意義について具体的に法令で規定すべきであるとの意見が出されたが、法令に規定した場合重加算税の賦課を回避する不正行為が生じるおそれがあり、弊害が大きいとの意見が多数であった。しかし、隠ぺい・仮装行為の類型や態様を通達により明らかにすることは有益であると考えられる。

　隠ぺい・仮装の意義に関しては、前述のとおり所得税法に関する通達があったが、国税に関する基本法である国税通則法について、課税庁の解釈及び執行に関する通達は制定されていない。重加算税の賦課は納税者に対する不利益処分であり、隠ぺい・仮装に当たるか否かは法解釈及び事実認定の問題であるとしても、課税庁の法解釈及び事実認定の指針を明示することは納税者に課税予測を与え、円滑な税務行政に資するものと考えられる。当審議会においては、重加算税の課税要件を含めた国税通則法に関する通達が早急に制定されることが望ましいとの意見が多数であった。

(3)　隠ぺい・仮装に係る納税者の意思と執行上の問題点

　重加算税の賦課について、実務上は隠ぺい・仮装行為と納税者の意思の

関係を巡るトラブルが多い。例えば、たな卸資産の計上漏れがあった場合、納税者が税を免れる意思をもって過少計上したのか、あるいは単純な計算誤りであるか否かという認定の問題が生じるのであるが、これは多分に納税者の意思に関わることである。

　隠ぺい・仮装行為と故意性との関係について、当審議会では、①隠ぺい・仮装はもともと故意を含む概念であるとする意見、②ある行為が客観的に隠ぺい・仮装と判断できることをもって足り、課税庁は納税者の故意の立証まで要しないとする意見、③事実について隠ぺい・仮装を行ったとの認識があれば、その後の申告に際し、過少申告等をすることについての認識までは要しないとする意見、④隠ぺい・仮装行為のみならず、過少申告等についても税を免れる認識を要するとする意見などがあった。

　この問題について最高裁判決（昭和62年5月8日）は、「納税者が故意に課税標準等又は税額等の計算の基礎となる事実の全部又は一部を隠ぺいし、又は仮装し、その隠ぺい又は仮装行為を原因として過少申告の結果が発生したものであれば足り、それ以上に、申告に際し、納税者において過少申告を行うことの認識を有していることまでを必要とするものではない」として、上記③を支持している。

　**したがって、たな卸資産の計上漏れの場合は、納税者においてその計上漏れという事実に隠ぺい又は仮装の認識があれば重加算税の課税要件を満たすことになり（筆者注　重課算税の課税要件は満たしていないと考えます。P60事例1）、その認識がなければ課税要件は満たさないことになる。**しかし、税務の現場において課税庁は、その計上漏れという外形的事実のみで隠ぺい・仮装と認定する傾向がある。

　このような場合は、納税者においてはその誤りが生じたことについて課税庁にその原因や経緯を説明する必要があり、これに対して課税庁は外形的事実のみにとらわれることなく、その誤りが生じた時の状況やその後の処理方法等を踏まえ、納税者の説明を考慮して客観的に判断すべきである。

## 2 現行法令上の問題点

### (1) 隠ぺい・仮装行為の主体

　重加算税制度については、上記の隠ぺい・仮装の意義のほか、現行法令が抽象的であることに基因して生じる問題が少なくない。

　まず、隠ぺい・仮装行為の主体については、国税通則法第68条第1項が「納税者が……事実の全部又は一部を隠ぺいし、又は仮装し……」と規定しているところであるが、隠ぺい又は仮装の行為者が納税者本人に限定されるか否かの疑義が生じている。この問題は、重加算税の課税要件について、前記した隠ぺい又は仮装の行為に納税者の意思を要するか否かに関わることである。課税標準等又は税額等の計算の基礎となる事実の隠ぺい又は仮装の行為があり、結果として過少申告であれば、納税者において過少申告を行うことの認識までは要しないと解すれば、隠ぺい又は仮装の行為者は納税者本人に限定されないことになる。

　しかしながら、重加算税制度が納税者に対する制裁措置であることに鑑みれば、納税者本人の責めに帰することのできない事由による隠ぺい・仮装行為の場合、あるいは隠ぺい・仮装行為について納税者がその事実を知り得ないような場合は、重加算税の賦課は相当ではないという見方ができる。

　この問題に関する学説・判例の多くは、納税者の家族等のほか、会社の取締役や従業員等のした隠ぺい又は仮装の行為は会社代表者のした行為と同視するのが相当であるとするなど、納税者本人に限定していない。しかしながら、納税者以外の者の行為を納税者本人の行為と同視することが適当でない場合も多い。例えば、たな卸資産の計上漏れが従業員の単なる不注意により生じた場合は重加算税の課税要件に該当しないと考えられる。また、相続財産の申告漏れが被相続人の財産を管理していた特定の相続人の隠ぺい・仮装行為に基づく場合にその事実を知り得ない他の相続人についてこれと同視することは適当ではない。

　この点について、当審議会では、隠ぺい又は仮装行為の主体について、

## 巻末資料

その範囲を法令等において具体的に明記すべきであるとの意見があったが、一方でその範囲を限定的に規定することは困難であり、そのことによる弊害が生ずるおそれもあるとの意見が多数であった。なお、この問題は法令解釈上の疑義ではなく、執行上の問題であるとの指摘があった。いずれにしてもその範囲について重加算税制度の趣旨を逸脱した解釈及び執行は排除すべきである。

(2) 無記帳、不申告、虚偽申告等と重加算税の課税要件

隠ぺい又は仮装の行為の意義に関連して、取引に関する記帳を行わないで税額過少の申告をした場合に重加算税の課説対象になるか否かという問題が指摘されている。また、これに類する事例として、所得があるにもかかわらず申告をしない行為や収入金額等の一部を記帳せずに過少の申告を行う行為（いわゆる「つまみ申告」）が重加算税の課税要件を満たすか否かという問題がある。

これは、国税通則法第68条第1項の規定が課税標準等又は税額等の計算の「基礎となるべき事実」を隠ぺいし又は仮装し、その隠ぺいし又は仮装したところに「基づき」納税申告書を提出していたときと規定しているため、いわゆるつまみ申告等は文理上は重加算税の課税要件に該当しないと解することができることに基因した問題である。

この点については、重加算税を課すためには隠ぺい・仮装行為と過少申告との間に因果関係が必要であり、いわゆるつまみ申告について正当な所得金額と納税者の申告額との較差がどの程度大きい場合に可罰的違法性を帯びるのかの基準が明らかではないとして重加算税の課税処分を取り消した判例（平成5年4月27日大阪高裁）があるが、一方で、最高裁判決（平成6年11月27日）は真実の所得金額を隠ぺいしようという確定的な意図の下に、税務調査があれば事後的に隠ぺいのための工作を行うことを予定して、ことさらに過少に記載した申告書を提出したことが明らかであるとして重加算税の賦課を相当としている。

このように判断が分かれるのは、不申告や虚偽申告等の態様がさまざま

であるため、法令の文理解釈のみでは結論づけられず、結局はそれぞれの事案の事実関係を総合して判断せざるを得ない問題であることを示している。この場合、単なる事実関係の不知等から生じた不申告や過少申告が重加算税の対象にならないことは明らかであるが、単純な過少申告等であるか、重加算税を賦課すべき申告等であるかについては、法令等においてその判断基準を明確にすることが望ましいと考えられる。

(3) 隠ぺい又は仮装行為の成立時期

国税通則法第15条第2項第13号及び第14号の規定からみると、重加算税の課税要件としての隠ぺい又は仮装の行為の存否は、原則として法定申告期限又は法定納期限が経過する時を基準として判断すると解することができる。したがって、この限りでは重加算税の賦課と隠ぺい又は仮装行為の時期との関係は文理上明確にされている。

しかしながら、法定申告期限又は法定納期限の経過後に過少な修正申告を行い、同時に事実を隠ぺい又は仮装した場合、あるいはいったん適正な確定申告を行った後に隠ぺい又は仮装をして更正の請求等を行ったような場合に重加算税の課税要件を満たすか否かという問題がある。

これについては、法定申告期限等が経過した後に行われた隠ぺい・仮装行為は、当初から課税を回避する意図があったものと推認できるとして重加算税の賦課を相当とした判例（昭和52年7月25日東京高裁）があるが、そのような推認ができる場合はともかく、そうでない場合に事後的な行為を法定申告期限等の経過時の行為として遡及することは、国税の納税義務の成立時期との関係において疑義が生じることになる。

この点について、当審議会における意見は、法定申告期限等を経過した後の隠ぺい・仮装行為に重加算税を賦課することは、文理解釈上問題があるとするものが多数であったが、事実関係からみて明らかに租税回避を目的とした事後的な隠ぺい・仮装行為については制裁的な課説も止むを得ないとの意見もあった。いずれにしても、重加算税制度の趣旨等を踏まえて規定の整備を図るべきである。

(4) 重加算税と罰則等との関係

　重加算税制度は、不正手段を用いた納税義務違反に対する制裁措置として国税通則法に規定されているものであるが、これとは別に個別税法では「偽りその他不正の行為」により税を免れた場合の罰則を規定している。このため、いわゆる脱税行為には重加算税が賦課されるとともに、刑事罰が科される場合があり、このような制裁は、憲法第39条の二重処罰の禁止条項に反するのではないかという疑義が生じる。

　この点については、「重加算税は納税義務違反の発生を防止し、徴税の実を挙げようとする行政上の措置であり、刑罰とは異なるから重加算税のほかに刑罰を科しても憲法第39条には違反しない」とする最高裁判決（昭和33年4月30日）がある。したがって、この問題について判例上は解決されており、当審議会においても特に異論はみられなかった。

　しかしながら、罰則規定における「偽りその他不正の行為」の概念と重加算税における「隠ぺい又は仮装の行為」の範囲との異同について、現行法令は明確性を欠いているとの指摘があった。両者は別個独立した概念であり、その範囲等は異なるとする考え方がある一方で、「隠ぺい又は仮装の行為」は「偽りその他不正の行為」に包含されるものであり、後者の概念のほうが広いとする見解もある。（筆者注　P75参照）

　また、当審議会では、これに類する問題として、上記罰則規定の「偽りその他不正の行為」と国税通則法第70条第5項の除斥期間の7年への延長における「偽りその他不正の行為」との関係が法令上明確でないため、一般の税務調査において「偽りその他不正の行為」と認定された場合、除斥期間を7年に延長して課税処分が行われることがあり、実務上の混乱を招いているとの指摘があった。

　この「偽りその他不正の行為」については、国税通則法と個別税法という異なる法律に基づいており、その制裁目的が異なるため、両者の概念にも差異があるとする見解と、同じ国税に関する法令において用いられていることから、その概念も同一であるという見解があり、その解釈が確立し

273

ていない。

いずれにしても、これらについては、税の回避に対する制裁のあり方を踏まえたうえで法令を整備すべきである。

## 3 重加算税の賦課基準等の開示と理由附記制度の創設
### (1) 行政手続法と国税通則法の整備

行政手続法第1条は「処分、行政指導及び届出に関する手続に関し、共通する事項を定めることによって、行政運営における公正の確保と透明性（行政上の意思決定について、その内容及び過程が国民にとって明らかであることをいう。）の向上を図り、もって国民の権利利益の保護に資することを目的とする。」とされている。一方国税通則法第74条の2の規定は、行政手続法第2章及び第3章の適用を除外する旨を規定しているが、当該規定は行政手続法第1条の目的までも除外するものではない。

国税通則法第1条は、「国税についての基本的な事項及び共通的な事項を定め、税法の体系的な構成を整備し、かつ、国税に関する法律関係を明確にするとともに、税務行政の公正な運営を図り、もって国民の納税義務の適正かつ円滑な履行に資することを目的とする。」と規定している。

これら両法の目的規定からみると、国税通則法の規定のうち解釈等について疑義のあるものは、早急に透明性の向上を図ることが求められている。とりわけ重加算税の賦課など制裁的要素を含む不利益処分については、できうる限り具体的にその処分基準を公にすべきであり、また、その賦課決定の手続規定についても整備を図るべきである。

税務の現場では、重加算税の賦課される事例が相当数に上っているが、その処分に至る過程は明らかではない。このため、具体的な運用指針の開示と税務行政の透明性の確保を求める納税者が少なくないのが現状である。上記の行政手続法及び国税通則法の理念に基づき、課税庁は重加算税に関する執行上の基準を開示すべきである。

なお、重加算税の課税要件としての隠ぺい・仮装の意義等を含めた国税

通則法全般の通達を制定すべきであることは、前述したとおりである。

(2) 情報公開法と賦課基準等の開示

　平成11年5月に成立した情報公開法は、国民主権の立場から行政機関の保有する情報の一層の公開を図ることにより、政府の諸活動の内容を国民に説明する責務が全うされることを目的としている。同法により開示請求の対象になるのは、国等の機関が行う事務又は事業に関する情報で、公にすることによりその事務又は事業の適正な遂行に支障を及ぼすおそれがあるものを除き、行政機関の職員が職務上作成し又は取得した文書などのうちその行政機関の職員が組織的に用いるものとされている。

　国税通則法第74条の2は、前記のとおり税務行政手続について行政手続法を適用除外としている部分が多いが、情報公開法では個人に関する情報など不開示とされているものでない限り、税務調査に関係するものなど税務行政に関する文書も開示請求の対象になる。この点は、行政庁内部で作成されている審査基準や処分基準に関する文書も同様であると考えられる。

　重加算税の賦課のような納税者に対する不利益処分については、下記のような理由附記制度を採用することが望ましいが、それとは別に、重加算税等の賦課決定を始めとして不利益処分について情報の開示を認めることは、処分の経緯、処分を相当とする理由等が記載された決裁文書等の開示を請求することを可能とすることから、その持つ意味は極めて大きいと考えられる。情報公開法の執行に当たっては、そのような開示請求ができる旨を明確にし、国民に周知されることが望ましい。

(3) 重加算税の賦課決定通知書の理由附記制度の創設

　所得税法及び法人税法では、青色申告者に対して更正処分を行う場合は、更正通知書にその理由を附記しなければならないこととされている。この趣旨は、更正処分に係る課税庁の判断を慎重ならしめるとともに、その判断の合理性を担保してその恣意と専断を抑制することにあり、納税者に対してはその権利と利益を擁護するとともに、不服申立てをすべきか否かの

判断に資するためである。

　青色申告に対する更正通知書に理由附記制度が設けられていることと比較考量すると、納税者に対する不利益処分である重加算税の賦課については、厳格な手続によるべきであると考えられる。したがって、重加算税の賦課決定に当たっては、納税者に弁明の機会を与えるとともに、**どのような事実が隠ぺい又は仮装行為に該当するのか、また、隠ぺい又は仮装行為であると認定するに至った具体的判断過程を明らかにするため賦課決定通知書に理由附記制度を創設すべきである。**（筆者注　P 252 参照）

　なお、すべての場合に理由附記を行うことは課税庁の過大な負担となるおそれがあることを考慮し、納税者から請求があった場合にのみ重加算税の賦課理由を開示する制度とすべきであるとの意見もあった。

### おわりに

　重加算税制度は、隠ぺい・仮装という不正な行為に対する制裁措置であり、不正な手段を用いてまで税を免れる納税者を擁護する必要はないという考え方がないこともない。しかしながら、国民主権を基本とする法制である限り、国民に対する行政上の不利益処分については、行政庁はあらかじめ処分の基準を明示し、かつ、その執行に際しては処分の過程と理由を明らかにする責務があるとするのが当審議会の基本的な考え方である。

　これを踏まえ、本答申は、上記したとおり、重加算税についての課税庁の執行基準の開示を求め、国税通則法の通達制定を要望し、さらに、その課税に当たっては納税者に弁明の機会を与えるとともに、理由附記制度の創設を提言するものである。

　行政改革が進行するとともに、情報公開法が成立し、税務行政にもこれまで以上に透明性が求められている。重加算税制度について、本答申の内容が実現し、円滑な税務行政が行われるとともに、納税者と課税庁との一層の信頼が図られることを期待したい。

# あとがき

　福沢諭吉は、北里柴三郎博士に『贈医』（医に贈る）と命名した漢詩を贈っています。

　　　　　　　　　　　　　　　　（慶應義塾 HP より転載）

無　限　輸　贏　天　又　人
医　師　休　道　自　然　臣
離　婁　明　視　麻　姑　手
手　段　達　辺　唯　是　真

無限の輸贏（しゅうえい）天また人
医師道（い）うを休（や）めよ自然の臣なりと
離婁（りろう）の明視（めいし）と麻姑（まこ）の手と
手段の達するの辺（へん）唯だ是れ真なり

　「医学というものは自然と人間（天また人）との限りない知恵くらべ（輸贏）の記録のようなものである。医師よ、自分たちは自然の家来に過ぎないなどと言ってくれるな。離婁のようなすばらしい眼力と麻姑のような行きとどいた手をもって、あらゆる手段を尽くしてこそはじめてそこに医業の真諦が生まれるのである。」

福沢諭吉の言葉になぞらえるのは恐れ多いですが、税理士に当てはめてみました。

「税務調査というものは、調査官と税理士との限りない知恵比べの記録のようなものである。税理士よ、自分たちは租税法律主義の家来に過ぎないなどと言ってくれるな。調査官の意図を見抜くすばらしい眼力と納税者の心にまで行き届く手をもって、あらゆる手段を尽くしてこそはじめてそこに税理士業の真諦が生まれるのである。」

　本書に対する意見、批判、叱責等がありましたら、お聞かせ頂ければ幸いです。

鴻　秀明
アドレス　bigbirdbb@gmail.com

# 参 考 図 書

租税法の基本原理（第3版）　松沢智　中央経済社
―租税法は誰のためにあるか―

租税法（第16版）　金子宏　弘文社

附帯税の事例研究　品川芳宣　財務詳報社

附帯税の理論と実務　酒井克彦　ぎょうせい

税務判決・裁決事例　精選50　山本守之　ぎょうせい

事例から見る重加算税の研究（第4版）　八ツ尾純一　清文社

納税者権利憲章で税制が変わる　月刊「税理」編集局　ぎょうせい

税大ジャーナル（17号）　平成23年10月　采木俊憲
法人に対する重加算税の賦課について
―従業員の不正行為に起因する場合を中心に―

税大ジャーナル（16号）　平成23年5月　川根　誠
重加算税の研究
―米国のFraud Penaltyの検討を通して―

税大ジャーナル（6号）　平成19年11月　中村弘
税理士による隠ぺい・仮装行為と重加算税の賦課
―三つの最高裁判決―

税大ジャーナル（5号）　平成19年6月　酒井克彦
加算税制度の趣旨
―加算税賦課を巡っての幾つかの紛争を素材として―

税大ジャーナル（3号）　平成17年12月　酒井克彦
税理士による隠ぺい・仮装行為と重加算税の適用
―最高裁平成17年1月17日第二小法廷判決を素材として―

税務大学校論叢（68号）平成23年6月28日　落合秀行
加算税の免除要件
―納税者の権利保護との関係から―

税務大学校論叢（62号）平成21年6月25日　矢田公一
不法行為に係る損害賠償金等の帰属の時期
―法人の役員等による横領等を中心に―

税務大学校論叢（36号）平成13年7月2日　武田雅雄
加算税の賦課決定処分の範囲内主張の可否について

法学研究第81号（明治学院大学）　渡辺充
税理士作成の虚偽申告書と重加算税

月刊税務事例　創刊400号記念論文　品川芳宣
租税解釈（実務）に影響を及ぼした重要判例の検証

税理　2006.12　品川芳宣
租税回避行為の否認と仮装行為の否認

T&Amaster No.211　2007.5.21　品川芳宣
最近の最高裁判決にみる「正当な理由」の意義とその問題点

[著者紹介]

鴻　秀明

慶應義塾大学法学部政治学科卒
山一證券、通商産業省、東京国税局を経て、現在税理士。
著書　「国税OBによる税務調査と実務対応」（共著）税務経理協会
　　　「重加算税と税務調査」（単著）税務経理協会

著者との契約により検印省略

| 平成25年3月20日　初版第1刷発行 | 税務調査の<br>ガラパゴス化と重加算税 |
|---|---|

| 著　　者 | 鴻　　　秀　　明 |
|---|---|
| 発　行　者 | 大　坪　嘉　春 |
| 製　版　所 | 美研プリンティング株式会社 |
| 印　刷　所 | 税経印刷株式会社 |
| 製　本　所 | 牧製本印刷株式会社 |

発　行　所　東京都新宿区下落合2丁目5番13号　株式会社　税務経理協会

郵便番号　161-0033　振替00190-2-187408　電話(03)3953-3301（編集部）
　　　　　　　　　　FAX(03)3565-3391　　　(03)3953-3325（営業部）
　　　　　　　　　　URL http://www.zeikei.co.jp
　　　　　　　　　　乱丁・落丁の場合はお取替えいたします。

Ⓒ　鴻　秀明　2013　　　　　　　　　　　　　　Printed in Japan

本書を無断で複写複製（コピー）することは，著作権法上の例外を除き，禁じられています。本書をコピーされる場合は，事前に日本複製権センター（JRRC）の許諾を受けてください。
JRRC（http://www.jrrc.or.jp　eメール：info@jrrc.or.jp　電話：03-3401-2382）

ISBN 978-4-419-05928-6　C3034